中国文化知识文库

中国古代昏庸帝王

徐 潜／主 编

张 克 崔博华／副主编

管宝超 李延勇／编 著

吉林出版集团·吉林文史出版社

图书在版编目（CIP）数据

中国古代昏庸帝王／徐潜主编．—长春：吉林文史
出版社，2013.3（2025.8重印）
　ISBN 978-7-5472-1497-8

　Ⅰ.①中…　Ⅱ.①徐…　Ⅲ.①帝王-生平事迹-
中国-古代-通俗读物　Ⅳ.①K827＝2

中国版本图书馆 CIP 数据核字（2013）第 062893 号

中国古代昏庸帝王

ZHONGGUO GUDAI HUNYONG DIWANG

主　　编　徐　潜
副 主 编　张　克　崔博华
责任编辑　张雅婷
装帧设计　映象视觉
出版发行　吉林文史出版社有限责任公司
地　　址　长春市福祉大路 5788 号
印　　刷　唐山富达印务有限公司
版　　次　2013 年 3 月第 1 版
印　　次　2025 年 8 月第 5 次印刷
开　　本　720mm×1000mm　1/16
印　　张　9
字　　数　250 千
书　　号　ISBN 978-7-5472-1497-8
定　　价　68.00 元

序　言

民族的复兴离不开文化的繁荣,文化的繁荣离不开对既有文化传统的继承和普及。这套《中国文化知识文库》就是基于对中国文化传统的继承和普及而策划的。我们想通过这套图书把具有悠久历史和灿烂辉煌的中国文化展示出来,让具有初中以上文化水平的读者能够全面深入地了解中国的历史和文化,为我们今天振兴民族文化,创新当代文明树立自信心和责任感。

其实,中国文化与世界其他各民族的文化一样,都是一个庞大而复杂的"综合体",是一种长期积淀的文明结晶。就像手心和手背一样,我们今天想要的和不想要的都交融在一起。我们想通过这套书,把那些文化中的闪光点凸现出来,为今天的社会主义精神文明建设提供有价值的营养。做好对传统文化的扬弃是每一个发展中的民族首先要正视的一个课题,我们希望这套文库能在这方面有所作为。

在这套以知识点为话题的图书中,我们力争做到图文并茂,介绍全面,语言通俗,雅俗共赏。让它可读、可赏、可藏、可赠。吉林文史出版社做书的准则是"使人崇高,使人聪明",这也是我们做这套书所遵循的。做得不足之处,也请读者批评指正。

编　者

2012 年 12 月

目　录

暴虐之君——商纣

　　商纣王，子姓，名辛，号为帝辛，他是商朝最后一个王，中国历史上有名的暴虐之君。自从成汤起兵，灭夏桀建商，到商纣王时共传了三十一世，历时六百余年。到商朝末期，统治阶级一味加重对人民的压榨和剥削，使阶级矛盾加剧，国家政治日非。到纣王的父亲帝乙统治时期，商朝已处于风雨飘摇之中。帝乙死后，帝辛继位为王。"纣"是"残益损善"之意，"纣王"是后世对他的评价。

一、幼年岁月

（一）安逸的童年

纣王出生在帝王之家，父亲帝乙是统治八百多诸侯的商王，权倾天下；母亲妇戊贵为王后，统领后宫，被万民敬仰。纣王从出生那天起，便十分娇贵，很是得宠。等到他满月这天，帝乙在王宫九间大殿大宴群臣，以庆贺他喜得贵子。群臣山呼："万寿无疆!"进贡礼拜，宴席上山珍海味、美酒佳肴，尽情享用。

帝辛贵为王子，自幼受宠，吃穿用度都是人世间的精品，少不了锦衣玉食。营养充足，发育自然很好，体力和智慧都超出普通儿童。他活泼好动，所到之处，听到的都是赞扬声，看到的都是恭维相。在帝辛幼小的心灵中早就形成了高人一等的优越感。

帝辛很小的时候就知道享受，即使睡觉时也不躺在床上，由两个漂亮的女奴张着一张兽皮，帝辛躺在兽皮中间，女奴晃悠着兽皮，哼着小曲才能让他入眠。醒来时，帝辛看着汗流浃背的女奴，十分开心，咧着嘴儿笑。他还有个怪脾气，专挑漂亮的女奴抱着玩，若是看到长相丑陋的女性，就又哭又抓，说什么也不让她抱。

帝辛在开始学习走路的时候，常常闹着要看宫中的歌舞百戏。有一次，女奴抱着帝辛看两个男奴角斗博戏，当他看到其中一个男奴被打得鼻青脸肿而倒地时，帝辛竟攥着小拳头打女奴的头，直到把女奴打倒，他才高兴地拍着手笑了。

帝辛是商王的宠儿、王后的心肝宝贝，衣来伸手，饭来张口，吃住行等一切事宜，都有奴隶伺候，无拘无束，尽情玩乐。每当帝乙在殿前宫中饮酒作乐的时候，帝辛

总是闹着坐上座，要吃要喝。开始时，帝乙逗着帝辛喝酒，用手指蘸着酒给帝辛吃，也许那时的酒并不像今天的酒那么辣，帝辛觉得吮吸帝乙手指上的酒不过瘾，伸手抓过一爵就喝干净了。帝乙和王后见了，高兴得不得了，他们认为，帝辛生在王宫，贵为王子，吃喝玩乐是天赐之福、理所当然之事，只有奴隶才没资格享受，帝辛就是在这样的家庭环境中度过了安逸的童年。

（二）文采非凡

帝辛智商很高，聪明颖悟、灵敏多才、机智勇敢、口齿伶俐、能言善辩。

长到 7 岁的时候，便能与大哥启、二哥仲衍一起习文练武了。帝辛力大，常常与比他大的哥哥较力，两个哥哥也常常被他摔倒在地。三年工夫，刀枪斧钺，各种兵器在帝辛手里，已经舞弄得十分娴熟了，大哥二哥常自叹不如。

一日，当时最有文化的史官教帝辛和他的两个哥哥学习文字。史官搬来几大片龟甲，手握青铜刀，在每片龟甲上分别刻出一行，作为范字，然后让启、仲衍、帝辛仿照刻出，就像今天我们习字临帖一样。只不过当时没有笔和纸，只好用刀在龟甲兽骨上刻画文字。启和仲衍学刻甲骨文字十分认真，一刀一笔一丝不苟，刻出的文字工整清楚。史官见了，不住地夸奖。

再看帝辛，只见他只管拿着青铜刀玩耍，眼见两个哥哥已经刻完，他才动手，一边读着，一边刻着，不一会儿，一行歪歪斜斜、几不成字的刻文便呈现在史官的面前。

史官见了，摇了摇头，说："字不成形，人不成器。字本来是很好看的，你怎么把它们刻成这个丑样子呢？"

帝辛说："学习文字，知音，达义，记事而已。好不好看有什么要紧的，为什么要把时间浪费在刻字上面呢？这样的雕虫小技，不是我这样的大丈夫所为。"

听了帝辛的话，史官无可奈何，指着甲骨片上的一个字问："我让你学刻'鸟'，你却刻出个'鸡'，这是什么字？怎么讲？"

左侧竖排：中国古代昏庸帝王

帝辛看了，自知刻错了，却不认错，狡辩说："鸟是天上飞的，这个字叫鸡，是地上跑的，就是把天上飞的鸟用手抓回来养着吃肉。"

史官说："仓颉造字的时候，并没有造这个字啊。"

帝辛说："仓颉没造的字，我们就不能造吗？仓颉生活的时候，鸟在天上飞得高，他没抓着。现在，我们抓住了这些鸟，就可以养起来，给它起个名字，叫鸡有什么不妥的呢？"

史官听了之后无话可答。他向帝乙上奏说："您的儿子辛太聪明了，他的文字已经学会了，我没有什么可以教他的了。"

帝乙批准了史官的奏章，他命令帝辛以后只要学习武功就行了。从此，帝辛专与力士们舞刀弄枪，游戏玩耍，十分逍遥自在。

帝辛是个文武双全的人，幼儿时期就聪明而有文名。一天，帝乙要去农田视察，问占卜的贞人："今天有没有雨？"贞人拿来一片龟甲，口中念念有词，先在龟背上用青铜凿凿出一个圆形的槽，再用钢凿钻一个圆梢，接着点燃香火，烤灼凿钻的地方，龟甲上便出现了不规则的裂纹，这就是所谓的征兆。贞人根据不同形状的纹理征兆，预言未来。贞人占卜后说："今天会下雨。"

帝辛看贞人占卜，只觉得好玩。又听贞人说今日有雨，他不信，便问贞人："今日雨？其自东来雨？其自西来雨？其自北来雨？其自南来雨？"

贞人虽然被帝辛问得张口结舌，但是很佩服帝辛的文采。

（三）托梁换柱

公元前1061年，帝辛已经18岁了。他身材高大，体格魁伟，不仅形貌漂亮，而且孔武有力，一表人才。当时人都说，要是论文才武力，天下人没有比得过帝辛的。

在商代，狩猎是商王贵族们进行军事训练和游乐的重要活动。帝乙经常带着文臣武将打猎，每次狩猎都奋勇当先。

这天，帝乙带着众人正追逐一只野兔，身边的一名武将飞马射箭，野兔一下子被射死在地，人们齐声喝彩。突然，斜刺里跳出来一只斑斓猛虎。武将正要再射的时候，帝辛说："且慢，用箭射死它不算能耐，你要是能空手打死那只老虎，那才叫能耐呢！"那位武将听了，一是不敢违抗王子的话，二是出于年轻气盛，当时就跳下马来，赤手空拳击擒老虎。只见老虎吼叫着扑来，只一下便咬断了那位武将的喉咙，武将立时毙命。帝辛见了，哈哈大笑，趁着人们惊恐之际，飞速地跳到老虎身后。只见他飞起一脚，踢中老虎后腰。老虎疼痛，一跃而起，向他扑来，帝辛伸手攥住老虎的两只前爪，躬身使劲向前面一抡，便把老虎摔出一丈多远。没等老虎起来，他又飞步上前，跨上虎背，揪住虎头，一阵乱拳把那只老虎打得瘫死在地。帝乙和文武百官见了，个个惊叹不已。

　　在一次宴会上，一群奴隶们指挥着九头牛表演舞蹈。帝辛看得高兴，连喝了几杯烈酒，高声叫道："人跟着牛跳舞有什么意思，看我怎么样让牛跟着我跳舞的！"说着，他走下堂来，把奴隶们赶到一边，一把攥住九条牛的尾巴。只见这九条牛出于疼痛奋力地向前拉，而帝辛则使劲向后拽，场面就像拔河一样。突然只听得帝辛大吼一声，九头牛被他拉得向后连连倒退，纷纷倒地。这九条牛倒在地上或坐或起，完全听从帝辛的摆布。只看得诸侯百官目瞪口呆，人人屏声敛气，甚至忘了喝彩。帝辛舞完了牛之后，看他的脸色，只是有些红润罢了。

　　从此，人人都知道帝辛力气比九条牛还大，整个商朝再没有人敢与帝辛比试力气的了。

　　还有一次，帝乙在飞云阁设宴，邀请群臣观赏春景。奴隶们在宴席的准备过程中忙个不停，搬器具，排坐席，热闹异常。由于人太多了，飞云阁承受不了那么多的重量，开始摇摇晃晃，在梁柱之间，只听见吱吱作响。这个时候正

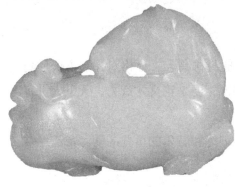

是百官依照顺序就座，饮宴开始之际，只见飞云阁梁柱开始断裂，大厦将倾。帝乙和百官都吓得手足无措，面无人色，束手待毙。就在众人慌乱之际，只听帝辛大叫一声："众人勿惊！"一步跨到飞云阁中央，单手托住即将断裂的大梁，稳如泰山。

帝乙见状，马上命人："快拿大木柱支撑。"直到三个小时之后，人们才将梁柱全部更换完毕。帝辛终于能够腾出手来，只见他挥了挥手臂，面色不改，从容就座。飞云阁上下欢呼雀跃，皆称帝辛为栋梁之材。

帝辛托梁换柱以后，飞云阁安稳如故，百官痛饮，举杯祝贺帝乙有如此英雄之子，我商族幸甚，国家幸甚。帝乙高兴，满杯美酒一饮而尽。

这时，座中走出首相商容，向帝乙拱手进言："商王万寿无疆，现在百花盛开，王子辛能托梁换柱，何不趁此良辰吉日，立辛为王储？"

帝乙听了，沉吟不语。他本想把王位传给以贤德著称的长子启，没想到首相商容在百官面前却提出要立辛为王储，所以沉默不语。

上大夫梅伯、史官赵启见状，一齐站出来，说："辛为王后妇戊所生，先王之制，立嫡不立庶。商王不要犹豫，请立辛为王储，上合古制，下顺民意。况且，辛才力过人，能擎将倾之厦，实为国家栋梁。"

这时候只听到群臣百官集体起立高呼："请立辛为王储！"

帝乙无奈，只好传旨："立辛为王储，封为寿王。"又封启在微地，后人称微子启。封仲衍在箕地，后世称为箕子。就这样，帝辛成为了储君。

二、初登帝位

（一）帝辛葬父

帝辛在其父帝乙去世后，便以其才力继承了王位，史称商纣王。

帝辛继承王位后，首先要做的事情，就是把自己的父亲安葬好。帝辛将父王帝乙安葬在侯家邑，他要在那山清水秀的地方建造一个供死去的父王享用的地下宫殿。

于是，帝辛传旨："为先王帝乙造地下宫殿。"大宗伯监工督造，征发三千奴隶，在侯家邑挖地十余米深，在地下造成一个"亞"字形的墓室，共挖九个长方形的小坑，四隅分别挖两个小坑。每个坑中安排一名执戈的奴隶和一条狗，作为武装侍从。

墓穴挖好了，命贞人占得吉日，帝辛率文武百官、四方诸侯为帝乙送葬。后面跟随着帝乙生前的姬妾奴仆、卫队侍从，还有奴隶千人。浩浩荡荡的送葬队伍从大邑商出发，一路上哭号声、钟鼓声不绝于耳。64个佩戴骨饰的奴隶，抬着巨大的棺木走在中间，两名未成年的金童玉女在前面引路，来到了墓地。

大宗伯宣布："先王帝乙安葬仪式开始！"先是让帝乙生前的侍从下到墓穴站好，然后64个奴隶抬着帝乙的棺木走到墓穴中央。在棺外，大宗伯督工，用木板构成巨大的椁室。然后，在棺椁之间，填满了各种精美贵重的殉葬物。有璜、璧、玦、琮、圭，玉石斧、钺、戈、矛，豆、盘、尊等，应有尽有。

帝辛站起身来，表情严峻地对帝乙生前的姬妾奴仆们说："先王不能没有你们，你们生前是先王的人，死后也是先王的人，你们一起跟先王去吧！"说完，命武士将帝乙生前的姬妾奴仆一起赶入墓中。顿时，哭号怨骂之声乱成一片，墓中的奴隶们也蠢蠢欲动了。

大宗伯见势不妙，下令填土，顿时土石齐下，墓中之人全被活埋，并将土夯实。接下来便开始杀殉，奴隶们10人或20人一排，反绑着双手牵进墓道，东西相对，跪着被砍头。砍下的头另行安置，头顶向上，面向墓坑。无头尸体埋入土中，然后夯实，如此每筑一层夯土便杀一批奴隶殉葬，最后埋入金童玉女，封死帝乙的大墓。

帝辛掩埋了父王，手持青铜刀来到了祭坑前。这时大宗伯早已安排人将"人牲"推到祭坑边跪下。只见帝辛手起刀落，一排10个"人牲"的头便滚入祭坑里了。一排祭坑10人，5排为一组。帝辛挥刀砍完5组"人牲"，站到一旁，武士们一起动手将尸体扔入祭坑内，然后填土。

至此，帝乙的葬礼以杀戮大批奴隶为牺牲方告结束。

（二）为政之初

纣王元年（公元前1080年）正月初五，身强力壮、高大英武、身着白色王服的纣王，正召集王公贵族，宣布他对朝廷大臣的重新任命。纣王的任命如下：以王叔比干为太宰(相当于后世的宰相)，总揽朝中内外政务；费仲为卿事，协理军国大事；微子为宗伯，掌王族谱牒和宗族内务；箕子为乍册，负责起草文件记录；梅伯为司马，主管军政；飞廉任内务大臣兼司空，负责宫廷内务兼土木工程；恶来任司徒，总管天下财政赋税；老将军祖伊为多射，掌管王族军队；九侯为多亚，掌管王族军队；鄂侯为司寇，管理天下刑狱；居情、郑季仍任巫、史……

纣王意气风发，他环视着他的臣仆们。不管是足智多谋、万民景仰的王叔，还是威风凛凛的将军，现在全都服服帖帖地处在自己的控制之下，为自己效力，纣王心中真是十分畅快。听着一个个大臣的谢恩之辞，纣王心中更是充斥着对大臣们的蔑视。当然，这种蔑视很快又被一种治理国家的需要所取代。

纣王封自己的叔叔比干为太宰，名列群臣之首，主要是因为比干忠心耿耿、足智多谋。作为叔父，比干在帝乙决定立太子的过程中始终持支持帝辛的态度，使纣王对比干颇有好感。虽然比干曾与帝乙、与自己多次发生过争执，但纣王仍觉得叔父即使耿直得稍微有些过分，仍是可以信赖的。何况自己更是盼望着能够成为一代明君，而比干这样的人才是少不了的。

虽受到重用，但比干自己却不敢确定当初拥立帝辛为储君的选择是否正确。纣王从幼年到童年、少年乃至青年时代的整个成长过程，自己一清二楚。刚开始时，比干欣赏帝辛的天资聪颖；但逐渐地，比干又开始担心帝辛的过于刚猛，因为像帝辛这样的人是难以猜测其所作所为的。

纣王任命微子为宗伯，是经过仔细考虑的。这个兄长仅仅因为母亲不是王后而失去了继承王位的资格。但实际上，朝廷上下还是有不少人拥立他的，也就是说，一旦自己为政失误，微子推翻自己登上皇位也是可能的，所以纣王在继位之初决定要安抚好他。

纣王心中对比干多少有些敬畏，因此特意安排了素与比干不和的费仲为卿事，以挟制比干。费仲深知纣王用意，非常留意比干的活动，经常密告纣王。费仲早就私下接受官吏贿赂，甚至连方国进献之物他也要中饱私囊。做了卿事后，费仲接近纣王的机会更多了，他还拿出了不少钱与飞廉结交，以掌握纣王意图。所以，日子过得十分舒心。

纣王让恶来担任司徒，是因为他早想好了，这辈子非要轰轰烈烈大干一场不可，因此必须有一个听话的人替自己准备大干的本钱。恶来从来就不会说"不"字，这一点纣王尤为满意。

纣王执政之初所册封的大臣，绝大多数都是贤能之人，这使商朝上下为之喜悦，群臣都认为纣王是个明君，他们认为只有明君才能正确选用人才，这让人们对这个年轻的帝王充满了期待。

（三）远征东夷

纣王在统治稳定以后，有些骄傲自满了。他认为自己有能力比得上以前的所有帝王了，自己是大商有史以来最杰出的帝王。而作为一个杰出的帝王，一个最重要的标准就是能够征服天下。

为了达成自己卓越武功的目标，纣王决定东征东夷。可是纣王的父亲帝乙临死之前已与夷人达成了和平协议，夷人们也没有公开对朝廷挑衅，怎样才能找到一个讨伐东夷的借口呢？

纣王不愿意，甚至不敢与朝廷大臣们商议。因为首先，比干、箕子这伙人肯定会阻挠自己无理挑起战端；其次，这样一来，还未出兵就会闹得满城风雨，路人尽知，夷人定会有所防范。另外，击败夷人非举倾国之兵不可，四方小国，特别是那个许多大臣、甚至先王都曾挂在嘴边的周国，这些年虽然一直甚为恭顺，但也不得不防。

由于自幼博闻强识，纣王对自己的智慧是充满信心的，而且，纣王喜欢别人按照自己的意图办事。他把出人意料地驾驭臣民视为一种乐趣，尤为乐于看到群臣在自己面前惶恐不安、大惑不解，而最后又能证明自己高人一着。纣王不相信什么资历、经验之类是至关重要的，而且，作为英明的君主，岂能因为年龄关系，受制于那些自恃年长有功的臣下？天子就是天子，必须使臣下敬畏服从。当然，大臣们若没有一点能力，难以贯彻君主的意图，在纣王看来也不是一件好事。只不过，大臣们谁也别自以为是，谁也别想操纵、左右他。经过多日思索，纣王决定乾纲独断，直接率军攻打东夷，打它个措手不及，等到比干等人争论一番、上书谏阻的时候，我帝辛早已凯旋班师，宗庙献俘了。那时候，这帮大臣面对自己那些慷慨激昂的反对讨夷的奏折，该是多么尴尬啊！看谁以后还会那么顽固地与我作对。

想好了这一招，纣王感到热血在沸腾。他要向世人证明，自己甚至可以使武丁自愧不如。

纣王三年三月初，祖伊、九侯等人被召到王宫，纣王要与他们讨论如何裁汰军中老弱，强化王朝军队。二人欣然上路，一路上还不停地商议如何向大王出谋划策。

待这两位与比干一心、又自恃功高的家伙一走，纣王立即派了两个年轻的贵族接过大权，并星夜派人将早已拟好的作战计划交给两位贵族，叫他们于当夜将两万大军分成三路推进，同时火速派人驰报朝廷，说："夷人犯边，奉命讨伐。"大约在祖伊等人到达朝歌之前半天，纣王的大军已如暴风骤雨般攻入夷人腹地，并于10天后渡过了帝乙始终未能渡过的淮河，二十多个酋长被击溃，其中5人战死，10余人逃走，5人被俘。大军又沿颍水、

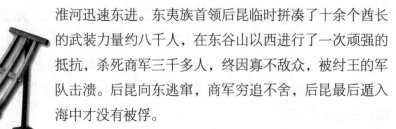

淮河迅速东进。东夷族首领后昆临时拼凑了十余个酋长的武装力量约八千人，在东谷山以西进行了一次顽强的抵抗，杀死商军三千多人，终因寡不敌众，被纣王的军队击溃。后昆向东逃窜，商军穷追不舍，后昆最后遁入海中才没有被俘。

当"夷人犯边，奉命讨伐"的消息传入首都，朝野上下目瞪口呆。比干来见纣王，纣王推说情况尚不清楚，鄂侯来见，亦以此话将老臣打发走。纣王内心十分喜悦，心想："快见分晓了"。

这天上午，阳光灿烂，纣王满面春风，迈着刚劲有力的步伐，走入崇天殿。大军班师已三天了，我已建立了显赫武功，而这一切，是谁也未曾料到的。当年高祖朝诸侯、王天下，犹如运之掌上，靠的是鼎盛的国力，而我帝辛全靠智慧。

大军班师回到首都，祖伊、九侯立即赴军中了解情况，但两位年轻将领早已经接受了纣王的密令，一口咬定是夷人先犯边，大军才发动进攻的。不过，祖伊、九侯毕竟是久经战阵，通晓军事的人，他们估计，这场战争不管是否由夷人犯边引起，都是蓄谋已久的，而主谋者正是当今大王，比干等人均同意这一看法。他们知道，他们被年轻的国王给蒙在鼓里了！

而费仲等人，并不关心是谁挑起的战争。根据飞廉手下人的报告，他们知道了纣王极想得到的东西——即智慧过人的评价。

所以，早朝一开始，费仲即抢先出班奏道："自我高祖立国以来，从未有如此之彪炳武功。夷人地广人众，多次抗拒朝廷，善于防御，先王屡起大兵，未竟全功。而大王却旬月之内，大获全胜，献俘宗庙，四夷为之屏气，戎狄为之胆寒。此番征夷，全凭大王一人运筹帷幄，决胜千里，真是天神下凡，臣等谁堪一比？夷人凶顽，屡抗朝廷，实属罪大恶极。因此，夷俘宜全数罚作奴隶或人牲；而夷方土地，朝廷宜派大军镇守要地，以防夷人再起。臣等见识浅陋，愚钝智拙，还请大王圣断！"

费仲这番话，纣王明知是拍马屁，但心中还是颇为舒服。接下来又有十多名大臣歌功颂德。纣王故作镇静，等着比干等人发言。他非常希望看到老臣们对他流露出心悦诚服的样子。

比干奏道："此番征夷，朝廷上下均感意外，乃大王独断此事。然大破夷人，大王之智慧，却非臣等所及。"

纣王脸上渐有笑意。然而比干却继续道："可是，此番大举讨夷，虽大获成功，难免使四方生疑。何况，夷酋后昆漏网，难保不会出现对朝廷不利之流言；这种流言一旦传遍四方，必然使许多方国暗中同情夷人，与朝廷为敌。臣请大王留意此事，免生后患。"

纣王脸上没了笑意。这帮老家伙，居然仍能找到理由来说三道四，好为人师。但他心中明白比干说的"流言"并非虚幻之事，因此，不好争辩。

比干继续上奏："此番讨夷，俘获极众，臣以为可将其中一部分留作奴仆，其余老弱受伤士卒宜放还，至少 5 名酋长宜严加教谕后放还。若全数杀掉或作奴仆，可能与夷人结怨太深。且夷地甚是辽阔，短期内难以完全控制，不若趁放还 5 名酋长之机，与夷人再造和平。以后，可选夷人首领到朝廷为官，令每名酋长送一个儿子在京为人质，防其造反；扶持夷人中与朝廷友善者，以夷制夷。大军则逐渐撤回，以示怀柔天下。那时，即使有什么流言飞语，也不会构成大的威胁。"

纣王的双眉锁紧，他知道，若再不从言辞上予以反击，压倒这帮老家伙的气势，以后不论做出多么惊天动地的事，这伙人也会说三道四的。但是，目前多数大臣都承认我堪称武王再世，不愧为高祖第二。

纣王反应极为敏捷。在比干奏完后，准备退回大臣行列时，他发话了："王叔所说的流言，是否指我对夷人不宣而战，可这叫以其人之道还治其人之身。我大商立国五百余年，戎狄蛮夷对我之侵扰有多少次？其中有几次宣过战，四方国家哪个又曾为此而亲近过谁？疏远过谁？先王相土远征海外，为我大商取得大量财富，若事先宣战，那海外蛮夷不早就将财富藏起来了吗？先王王亥被害，上甲微为他报仇，靠的不正是突袭仇敌吗？东夷乃我世仇，我大商多少子弟阵亡在淮河颍水之滨，此番孤用计解除其爪牙利齿，一举击败夷人主力，解除我在南方数百年之边危，试看今后各方国异族，谁敢怀贰于我？孤理解王叔对朝廷信誉的关心，但孤认为，当今天下，刀斧要比信誉管用得多。各位大臣，

是否如此？赞成我的出班。”

结果，在近百名大臣中，居然有六十多名对纣王刚才的演讲表示赞成。尤其是费仲、恶来、飞廉等人还一阵呼嚷："大王圣明，无人可比！平定夷人，居功甚伟！"

比干等人没料到，纣王会对其忠心耿耿的建议用如此锋芒毕露的语言来予以"驳斥"！特别是如此多的大臣也站到这个明明失大于得的举动的赞成者行列，使比干突然明白了什么，他只好保持沉默。鄂侯很着急，可不知该说些什么好。

三、荒淫凶残乱天下

在完成了一系列所谓的"文治武功"后，纣王得意忘形了。他觉得自己简直是天人，什么样难缠的大臣自己都能应付，再大的困难自己都能克服。他在大臣面前开始骄横起来，变得刚愎自用；他巧言饰非，听不进谏言，矜人以才能，以为天下没有人能高过自己；甚至对大臣说话，也日益声高气粗，装腔作势，渐渐地，连比干的话也听不下去。同时，生活上的要求也跟着高了起来，雕花的筷子换成了象牙的，杯子也换成犀玉的。有了象牙筷、犀玉杯，又要吃豹胎。穿衣要锦衣九重，住房要广厦高台；而且梁要雕，栋要画，窗要镂，墙要文。除了拼命地享乐，他荒淫凶残的本性也逐渐暴露出来。

（一）扩建王都

商朝自盘庚迁殷，建成大邑商城以来几百年间，都城一直没有变更过。纣王东征归来，觉得国都太狭小了，便决定扩建都城，并因城西有朝歌山，改国都名为朝歌。在一次朝会上，帝辛说："我大商自先王盘庚迁都殷以来，五百余年都大邑商。如今，我继承了祖先的基业，四海之内向我朝贡，国富民强。我作为一个君王，本应有所作为，才能不辜负先王所托。现在见大邑商人口渐增，地方狭小，我打算扩建都城。一用来容纳众人，二来向天下昭示大商天威。众臣以为如何？"

帝辛话音刚落，只见百官之中站出一人，大家一看，原来又是善于阿谀奉承而又贪财好利的费仲。费仲鞠躬礼拜，说："大王您打算扩都，依老臣的愚见，这势在必行。我大商朝，自高祖灭夏以来，经营了几百年，粮食充足，宝物财货无数，正好用于广建亭台楼阁、行宫别馆。大王可以借此机会在都城周围开辟田猎苑囿，这样一来既可供我王巡狩之用，又可以训练军队，壮我大商天子之威，弘扬我大商

暴虐之君——商纣

先王业绩。"

帝辛听了，不禁点头微笑。群臣见状，没有人敢上前发表反对意见。帝辛见满朝文武百官没有反对的意见，大喜。他心想，帝王原来如此好做，只要发号施令，出个主意，百官便附和，山呼万岁，真是有趣。他当场命令北伯侯崇侯虎负责主持扩建王都工程。

于是，崇侯虎奉王命调集羌奴三千，众人三千，斩木修路，先筑成通道，以大邑商为中心，北百余里，南近百里，东西几十里。把大邑商扩建成热闹的集市。此次建筑工程浩大，要求楼台亭榭雄伟豪华，花费了大量的人力和财力。

扩都，是头等大事。纣王又传旨四方诸侯，有人出人，有力出力，有物出物，保证扩都工程顺利进行。于是，天下怪石美玉、珍禽异兽齐集大邑商。崇侯虎将这些贡物分别填塞在宫殿苑囿之中。安置殷民六族：条氏、铁氏、萧氏、索氏、长勺氏、尾勺氏，各处其所。

在崇侯虎藤鞭的抽打下，奴隶和众人死的死，逃的逃。甲骨文上记的"丧众"就是指奴隶逃亡事件经常发生。有一次，崇侯虎把干了一天活的奴隶圈进了栅栏里，然后用铜链子锁住。半夜，天降大雨，奴隶们又累又饿又冷，便推倒栅栏，集体逃亡了。

崇侯虎在睡梦中听得有人喊叫，急忙起来，冒雨巡视栅栏中的奴隶，发现逃了一栏奴隶，便连夜追赶。到天亮的时候，在草丛中捉到两个跑得慢的奴隶，用锁链穿透了他们肩部的骨头拉回工地，当着众人的面，把这两个奴隶剖开肚子，掏出肠子，用割肠的酷刑杀一儆百。其他奴隶见了，触目惊心，宁愿拼命地干活累死，也不愿被剖肠而死。

崇侯虎督工扩都，三年终于告成。他向帝辛交旨，帝辛大悦，传旨文武百官、四方诸侯，齐集王宫大殿，同庆扩都工程顺利竣工。

（二）妲己入宫

公元前1058年，朝歌扩建竣工。帝辛起个大早，来到新建的王宫大殿，在玉饰的王位上坐定。首相商容率文武百官站列两厢，各镇诸侯陆续到来，皆有贡品，唯有冀州苏侯无贡。

费仲私下问苏侯："侯伯来朝，为何无贡品？"

苏侯耿直倔犟，快人快语："三年扩都，该进贡的我都贡完了。"费仲听了无话，心里暗想："老不死的，不给朝廷进贡也就罢了，连我也不给带点土特产来，这样死板没有人情，咱们走着瞧。"

这时帝辛传旨："今日扩都竣工，应先赏有功之臣。崇侯虎督工得力，所建园林台阁，甚合予意，头功一件。赐后崇城，为侯伯，赏玉尊玉杯一对。费仲、恶来等人建言不谬，二人封伯，为中谏大夫，各赐玉斗一双。其余文武百官、各镇诸侯三年扩都期间，皆出财出物，予今日赐以玉角美酒，开怀畅饮。"

酒喝到高潮时，文武群臣、四方诸侯轮流向商王帝辛祝酒。尽管帝辛血气方刚，年轻海量，此时也喝得醉眼蒙眬、语无伦次了。

中谏大夫恶来，又走上前来给帝辛祝酒谢恩。帝辛高兴，一饮而尽。恶来趁机进言说："大王都朝歌，占有天下珍宝，尽食山珍海味，可尽善尽美了吗？"帝辛说："可餐之物尽食矣！"

恶来说："臣以为，帝王之餐尚少一物。"帝辛不解地问："还缺何物可餐？快说来我听！"恶来见帝辛的胃口被吊了起来，故意卖着关子说："商王可曾听说，秀色可餐乎？"

帝辛是个聪敏的人，听恶来一说，心领神会，顿时头脑发热，马上召传旨官说："今日百官齐集，正好传予旨意，令各镇诸侯，各选百名美女。出身不论，只要姿色秀丽者，王公贵族、诸侯方伯有好女者，亦不得隐匿不送。"

首相商容闻听，连忙制止传旨官传旨。向帝辛进谏说："臣听说：'君有道，则万民乐业，不令而从。'过去高祖成汤治理国家，乐民之乐，忧民之忧，曾经亲自祈雨桑林，检讨自己的行事'是不是政事没有节制法度？是不是让百姓受到了疾苦？是不是任用了贪官污吏？是不是做事听信了小人的谗言？是不是有女人干扰了政事？是不是宫室修得太大太美了？为什么天不降雨？禾苗不生，百姓困苦呀！'先王以仁德感化天下众生，所以兴隆，四海咸乐。如今君王欲选美色，叨扰天下诸侯百姓不宁，实为不可取也。扩都刚刚竣工，百姓已经尽力了，应给予喘息之机。况

且，后宫已有姜王后、黄妃以及佳丽千人，足够了，再选美无益。望大王纳臣之言，国家幸甚，万民幸甚！"

帝辛硬着头皮听商容说完，心中十分不悦，本欲发作，转念一想商容官居首相，德高望重，强笑着说："首相所言极是，予喝酒所说的话，怎么能算数呢？"

商容见帝辛从谏如流，十分高兴。文武百官、各镇诸侯亦山呼："万寿无疆！"宴罢散去。

帝辛罢宴回到后宫，宫妃们一个个打扮得花枝招展，满脸微笑，躬身侍立，专等帝辛点名驾幸。帝辛见了只会逆来顺受、奉迎献媚的宫妃们，心里越发讨厌这些缺乏气质，没有一张漂亮脸蛋的女人。于是挥手命令她们都退去，径直回到寝宫，闷闷不乐。

这时候帝辛突然想起了费仲。当初，扩都的主意就是费仲第一个站出来支持自己的。此人主意多，最能体谅自己的心思。还有恶来，能言善辩，机灵勤快，实为心腹。

帝辛想到这里，召侍御官："速宣费仲进宫觐见。"费仲听闻，不敢怠慢，急忙穿戴整齐，随侍御官来到帝辛寝宫。当下纣王把自己的心思告诉了他。

费仲一听，原来如此。他满脸堆笑地说："大王英明。选美不可公开进行，只可秘密查访，一来不扰天下百姓诸侯，二来可慰大王心怀。臣听说有一女子，年方二八，出生侯门，天生丽质，妩媚动人，能歌善舞，聪明伶俐，善解人意，可谓国色天香，天下无双。大王若得此女，胜似天下千女。"

帝辛听费仲如此一说，恨不得立刻见到这个女子。急问费仲："快说出来，她人在哪里？"

费仲说："她人在冀州。是有苏氏首领苏侯的女儿，名叫苏妲己。"

帝辛听了，心花怒放。急命侍御官："速宣苏侯进见。"

冀州苏侯为人刚烈秉直，嫉恶如仇，听侍御官传旨进宫，不知何事如此紧急，连忙整衣，随侍御官左转右转，一直来到帝辛寝宫。他向帝辛下拜说："冀州苏侯见驾。大王操持国事，日以继夜，不知宣臣深夜进宫有何圣谕？"

帝辛听苏侯之言，一时语塞。连声说："起来说话，起来说话。"帝辛一边说着，一边给费仲递眼色。费仲心领神会，马上近前对苏侯说："大王听说你有一女，美貌贤淑，若纳入后宫，享受人间荣华富贵，君侯贵为国戚，位尊禄显，永镇冀州，坐享安乐，不知意下如何?"

苏侯听费仲之言，十分恼怒，但碍于帝辛的面子，不敢立即发作，于是斥责费仲说: "中谏大夫，你真是妄为臣子。不体谅后宫，不思进忠言献良策，专引诱大王淫乐女色，罪该万死。"

帝辛笑道: "君侯此言差矣。以一女入宫，予保你有苏氏鸡犬升天，还希望君侯不要推辞才好。"

苏侯怒形于色，厉声说道: "昔日，夏桀荒于酒色，高祖修德才灭了夏。今君王不效法祖宗，听信小人之言，好色纵欲，是取败之道也。我真担心，商朝几百年基业，你能否保住?"

帝辛本来就是个急性子，早就听得不耐烦了。见苏侯不但不听王命，反而教训起自己来了，一股无名之火在胸中燃起，高声喝令: "武士何在? 速将苏侯推出斩首!"但随即纣王又想起来自己刚登基不久，不能给天下人留下话柄。于是收回了成命。

苏侯听了，也不辞谢，急命随从收拾行李，扬鞭打马，连夜离开朝歌，奔回冀州去了。不久公开扯起叛旗，与纣王作对。纣王命崇侯虎前去讨伐。

这日，纣王在龙德宫，因没有事情做，郁郁不乐，自斟自饮。忽有费仲启奏: "崇侯虎讨伐有苏氏凯旋。苏侯送女儿入朝请罪，现已在驿舍候旨。"

纣王闻听，微微冷笑，说: "苏侯匹夫，面诤强词，本该正法。今自投罗网，不杀不足以惩欺君之罪。"适值恶来在旁，趁机进言，说: "大王执法，威重四方，不斩苏侯，叛商者难禁。"

纣王说: "此言极是，明日看予如何严惩那老匹夫吧!"

次日，纣王盛服登上九间大殿临朝。文武百官早已站列两厢，见纣王进殿齐呼: "万寿无疆!"纣王坐定，说: "有事出班奏来，无事散朝。"

崇侯虎闻言出班奏道: "臣奉命讨伐冀州苏侯，仰仗大王之威，降服苏侯，今日进女入朝请罪，乞大王裁决。"

纣王于是宣苏侯上殿。苏侯听得传叫，急趋九间殿内。除冠散发，布衣麻带，来到阶下，匍匐在地，口称: "大王在上，万寿无疆! 犯臣罪该万死!"

纣王一见苏侯，怒气冲天，手指苏侯骂道: "尔目无君王，信口雌黄。公开叛商，大胆妄为，抗

拒王师。今日还有何话说，不杀你不足以安天下！"随即喝令武士："推出九间殿外，斩首示众！"

纣王话音刚落，首相商容急忙上前奏道："大王息怒。苏侯叛商，理当斩首。但事出有因，今已进女谢罪来朝，情有可原。"

西伯侯姬昌也出班奏道："苏侯进女赎罪，足见臣服悔过之心。若斩已降，失信于天下诸侯，亦非大王初旨，还乞大王怜而赦之。"

纣王沉吟良久，决定宣苏侯之女入殿，说："看在首相和西伯侯的面上，暂免苏侯不死。苏侯既然进女谢罪，予要亲眼看看，你的女儿有没有资格代父谢罪。"

妲己在殿外早已等候多时。闻听召见，举足迈进九间大殿，纤纤细步，来到滴水槽前，依阶跪拜，口称："罪臣苏侯之女妲己，拜见大王，祝大王万寿无疆！"

纣王从未见过这样的绝世女子，眼睛直了，怔怔地坐在宝座上，不知如何是好。恶来见纣王如此情态，在一旁干咳两声："苏侯之女妲己候旨多时了。"

为了赢得美女的好感，纣王说："苏侯深明君臣大义，本王决定不计前嫌，封苏侯为国父，官复原职，封妲己为贵妃。"就这样，妲己风风光光地走进了商朝王室，成为纣王最宠爱的妃子。

妲己的被迫入宫，对她来说，是幸运还是不幸呢？应该说，两方面兼而有之。幸运的是，她的权力欲得到了满足，成了商朝的"一国之母"，拥有无上权势的纣王也对她言听计从。拥有一国之富、一国之荣，是令多少女人梦寐以求的荣耀，而妲己却将其玩弄于股掌之间，未失为一种幸运。

妲己虽在物欲上得到了满足，但在心理上呢？被迫入宫，本已强人所难，心有不甘，更何况日夜服侍纣王这样一个被酒色淘虚之人，又怎能令她感到开心？二者比较而言，恐怕还是不幸的成分更多一些。对于商朝的百姓来说，她的入宫，却万万谈不上幸运了，简直是灭顶之灾：繁重的劳役、残酷的刑罚，给本已饱尝疾苦的人民又雪上加霜。无怪后人对妲己恨之入骨，但对于此时已经日益壮大并且雄心勃勃的西周来说，这又无异于天赐良机，真是一种莫大的幸运！

过着如此奢侈的生活，妲己依旧没有感到满足。此时的她，只不过是纣王身边无数妃子中地位较高的一个，在她之上还有纣王的正室——姜后。而她所能达到，而且所要达到的就是"后"这个宝座。

于是妲己暗中设计，收买了一个奴隶，命他去刺杀纣王，然后声称是姜后派来的杀手。计划顺利实施，稀里糊涂的纣王果然上当，一怒之下斩了杀手。这样一来死无对证，让姜后有口难辩，纣王决定将姜后打入冷宫。但一心想做最有权势的女人的妲己怕将来有什么意外，便又怂恿纣王对姜后使用酷刑，直至将其置于死地。妲己终于消除了自己登上权力顶峰的最大障碍，如愿以偿地当上了商王朝的"国母"。后来她又怂恿纣王将姜后所生的王子殷洪、殷郊逐出商室，斩草除根，为以后祸国乱政，扫平了道路。

除去姜后，妲己还有一个对手，那就是冰清玉洁、品貌俱佳的九侯女。

九侯女入宫后，纣王放在妲己身上的一颗心，渐渐转移到她的身上。这又激起了妲己的嫉妒之心，她先是假意呵护九侯女，让其对自己丧失防范之意。尔后，妲己又故技重施，向纣王密言九侯女之父有谋反的野心。而此时的纣王也正因"九侯女不喜淫"而怒火中烧。妲己再火上浇油，无辜的九侯女便步了姜后的后尘，妲己的阴谋再一次得逞了。

妲己，确实是历史上难得的集美丽和智慧于一身的女人。只可惜，她这份才智没有用到帮助纣王挽救危若累卵的商王朝之上，相反，她与纣王奢侈的生活，更加剧了商朝的灭亡。

（三）荒淫之行

为了取悦这个倾国之妃，纣王命令乐师创作了萎靡的音乐、放荡的舞蹈，让妲己尽兴起舞，以换取自己感官上的刺激。这似乎对一个国君而言，算不上什么奢侈，可事实上却完全不是这样。不可否认，音乐、舞蹈作为贵族的一种享乐方式，从一开始就具有娱乐的功能。可是当时的乐舞不仅是一种娱乐手段，更属于政治的范畴。它是商王朝的代表，所以历代的统治者们都非常重视音乐和舞蹈。孔子之所以对春秋时代的"礼崩乐坏"那么痛心疾首，原因就在这里，所以古人往往把乐舞当做一个朝代兴衰的标志。而当

时的纣王却不顾这一点，完全把乐舞当做纯粹的满足己欲的工具了。这样一来，原来依靠那种神秘庄严的乐舞而为商王朝蒙上的神圣面纱，就这样被无情地撕破了。人们看清了那本应神圣完美的君主的真面目，从此，纣王再也不能以其威严震慑四方，极大地损害了商王朝的统治。至此，"四百诸侯反朝歌"的种子也悄悄埋下。

不仅如此，纣王为了更好地和妲己享乐，不顾国家连年征战、国力大伤的现实，动用大量的财力、物力以及人力，下令让全国各地进献各种珍禽异兽，放养在园苑之中，以供他和妲己观赏。

纣王对吃喝玩乐非常感兴趣。他觉得在宫内太单调了，于是妲己向他建议说："大王要想玩得尽兴，非要有'酒池'、'肉林'不可。"

纣王说："何为酒池、肉林？"妲己说："挖一方圆百丈的池塘，用鹅卵石砌好，里面填满酒浆，是为'酒池'。在山上树木枝丫上挂满熟肉，是为'肉林'。人走近'酒池''肉林'必然陶醉，妙舞自在其中了。"纣王说："爱妃奇思妙想，聪明绝伦，酒池肉林实堪赏玩。"于是传旨："兴建酒池肉林，令各路诸侯进贡，牛百头、羊千只、美酒万坛。"

各路诸侯虽然心中不满，但是王命难违，只好大肆盘剥众人奴隶。由于当时生产力还很低，粮谷酿酒，浪费极大，一年辛辛苦苦收获的粮食，大部分用来造酒，奴隶们只好用瓜菜充饥了。

于是奴隶们在地上挖出了一个大池子，中间注满美酒；在池子四周的树上挂满了肉，这就是被后人所不齿的"酒池肉林"。当时的生产力还极其低下，像这样的酒池肉林，不知要耗费天下多少人赖以生计的五谷。更有甚者，纣王和妲己还命令男女在酒池肉林之间裸体嬉戏，而他们则坐在鹿台之上津津有味地观看。

纣王整天在酒池肉林之中与妲己一起风流快活的消息传出后，惊动了朝野群臣，比干等文武百官齐到酒池肉林见驾，冒着生命危险劝谏纣王回朝。纣王虽然心里怨恨，怎奈众怒难犯，不得不回朝歌临朝。

这日，纣王在大殿草草地敷衍一番后，便打着哈欠，令文武百官退朝，甩袖起驾还宫。妲己疑惑地说："君王精神倦怠，力不从心，难道为国事操劳耗神过度了吗？"

中国古代昏庸帝王

纣王说："予体魄健壮，不怕操劳，只是失去玩乐自由，故此精神不振。"

妲己听后，忙向纣王建议道："大王，酒池肉林虽好，但却是在宫外，臣妾想到了一个好主意，兴建鹿台。在上面堆满珍宝和各种奇异之物，这样一来可以解大王的烦闷，二来又可向世人展示大王的雄威，如何？"

纣王当即表示同意，于是次日在朝中同群臣商议修建鹿台，命令崇侯虎负责督建，不等群臣反对，纣王就下令退朝，群臣无可奈何。

崇侯虎遵从王命监造鹿台，择吉日，破土动工，杀人祭祀，并且在朝歌郊外举行了隆重的奠基仪式。

纣王和妲己亲临工地剪彩，号召军民为建造鹿台捐资出力。纣王说："建造鹿台具有深远的意义。它的建造，标志着我大商朝政治稳定，经济繁荣，百姓生活不断改善，致富不忘朝廷。臣民们，鹿台是我们大商朝的，因此，有钱的出钱，有物的出物，有力的出力，它利国利民，臣民们不要怠慢，有功者赏，违命者斩！"

崇侯虎有纣王撑腰，横征暴敛，驱赶着从东南夷俘虏的奴隶数万人，挖地洞，打地基，搬运木料、石材。鹿台地基全部使用水里的鹅卵石，成千上万的奴隶被驱赶到河里捞取石头，河水暴涨，淹死者不计其数。

由于鹿台工程浩大，商朝国库很快便被掏空了。鹿台工程停下来了，崇侯虎告急。纣王下令："无论贵族、平民，一律捐资赞助。"王公大臣、文武百官大多嗟叹不已，背后骂纣王是败家子，怨声载道。

上大夫杨任，忠烈耿直，眼见国库空虚，不忍百姓劳苦，于是入宫劝谏纣王停建鹿台，务本劝农，保民施仁。纣王大怒，下令将他挖去双眼，永不录用。

崇侯虎督建鹿台，昼夜不停，死心塌地为纣王效犬马之劳。他又锦上添花，在鹿台四周广种奇花异草、圈养珍奇异兽，使鹿台成为一个世人瞩目的游乐之地。

鹿台很快建立起来。在建成的那天，纣王和妲己闻听大喜，传旨文武百官、后宫嫔妃，齐到鹿台观赏。崇侯虎前面引路，纣王和妲己率文武百官、宫人侍女随后登上了鹿台。

看这鹿台，楼阁重重，碧瓦飞镜，亭台层层，兽马金环。在旭日下金碧辉煌，琳琅耀眼。真如瑶池仙府，天上宫殿。进入鹿台的正堂，名叫琼室。堂室四壁全用白玉砌成，顶棚上镶嵌夜明珠，光芒四射。地面上铺着墨绿麻毯，摆设着青铜礼器、美

玉良金。

纣王看罢，君颜大悦。比干却不胜嗟叹，说："这鹿台建成，表面虽然虚荣，大商朝的内囊却空了。"

（四）炮烙之刑

纣王多日不理朝政，或与妲己在寿仙宫淫乐，或与妲己骑马射猎。朝中文武百官议论纷纷。太师杜元铣，对于纣王的荒唐行径，看在眼里，忧在心中，他冒死向纣王劝谏，纣王把这件事告诉了苏妲己。

妲己听了纣王之言哭个不停，纣王不知如何是好，问道："爱妃，你怎样才能不哭呢？"妲己撒娇说："你下令杀了杜太师我就不哭。"纣王说："好！"当即命令侍御官传旨："杜元铣妖言欺君，斩首示众。"

首相商容接旨，嗟叹不已。无奈王命如山，将杜太师脱去官服，绑赴午门。

大夫梅伯见状，问明原委，求见纣王。纣王刚刚哄妲己破涕为笑，看见商容与梅伯求见，非常不高兴，问道："二卿何故擅闯后宫？"梅伯上前，问道："杜太师何罪，罪当处死？"纣王说："杜元铣掌管司天，紊乱视听，欺君枉上。身为大臣，却说朕的爱妃是狐狸精，欲除君王所爱，所以要斩！"梅伯听纣王狡辩，厉声说道："昔尧舜治天下，应天顺民。言听文官，计从武将。每日上朝与百官共议治国安民之道，去谗远色，天下太平。如今君王半载不朝，乐在深宫，朝朝饮宴，夜夜欢淫，不理朝政，不容谏官，是何作为？君王若听信美人之言，斩忠良直言谏官，是自毁肱股，乞君王赦杜太师不死。"

纣王哪能听进如此教训之词，早就不耐烦了，说："首相乃前朝老臣，进后宫情有可原。梅伯擅闯后宫，目无君长，是与杜元铣同谋欺君，本当同时斩首，念尔侍予多年，免去死罪，贬为众人，永不启用！"

梅伯闻听，气得七窍生烟，火冒三丈，怒斥纣王说："昏君，宠爱妇人而绝君臣大义，令文武百官寒心。今罢梅伯，何足道哉！今斩杜太师，是斩朝歌百姓啊。可叹的是商朝几百年基业将葬送在妇人之手，臣没脸见先王于九泉之下啊！"

纣王闻言盛怒，命令武士："速将梅伯推出去，用金瓜击死！"

妲己听梅伯一口一个妖妇地攻击自己，早气得柳眉倒竖，咬牙切齿地说：

"大王，臣妾以为，像梅伯这样假借维护社稷之名，沽名钓誉的死硬派，不能杀头了之，应先上枷锁，关进监狱，再作处置，方可杀一儆百。"

纣王听妲己一说，即传旨："将梅伯上枷，送进监狱关押，听候裁决。速斩杜元铣首级。"

首相商容见纣王盛怒，不可劝说，当即跪倒在地，叩头说："老臣衰朽，不堪重任，终日惶恐不安，不堪为百官之长。君王年轻有为，聪明果断，老臣自知无用。望君王赦老朽残躯，放归故里，苟延余岁吧。"

商容本意是用辞职来提醒纣王，不可诛杀大臣，堵塞谏言之路。没想到，纣王听商容辞职，并不介意。说："首相侍朝三世，劳苦功高。予却没有想到让首相安度晚年，是予之过也。既然首相心力不支，予也不忍心再让首相操劳了。"

商容听了，泪流满面，说："老臣告辞了，还望君王好自为之，如此则大商幸甚，百姓幸甚！"说完再拜谢恩，自归故里去了。

纣王打发商容走后，问妲己说："你看这事如何处理？"妲己说："大王日理万机，聪明果断，臣妾敬仰之至。不知君王用哪样刑罚处置梅伯？"

纣王说："自我高祖成汤以来，现有刑罚三百多种。处罚梅伯用哪个刑罚，这还没定下来。"

妲己趁机说道："臣妾有一个建议，我大邑商朝，青铜冶铸技艺高超，世人有口皆碑。可令冶铸一空心铜柱，里面烧火，外面涂油，让犯人裸体在上面行走，这样他们就会被活活地烧死，筋骨粉碎，从而使那些乱臣贼子产生畏惧，这种刑罚如何？"

于是纣王下令让工匠们赶制铜柱，好尽快地对梅伯施以炮烙之刑。铜柱铸好之后，纣王下令群臣到大殿集合，观赏炮烙之刑。

行刑当天只见执刑官如狼似虎，剥净了梅伯的衣服，点起火炉，大扇子扇起风来。不一时，铜柱就红了，然后几个奴隶强将梅伯推上火柱，顷刻间，可怜梅伯，由头到脚，皮尽骨酥，顿时，化为灰烬。

此后，每行炮烙之刑时，用炭将铜柱烧得通红，除去犯人的鞋子而将他置于柱上，犯人的脚被烫得受不了了，就只能在铜柱上狂跳不止，不久就跌下铜柱，葬身火海之中。每逢此时，惨叫之声不绝于耳，而娇艳的妲己看到这种情形，就会"咯

咯"娇笑不止。纣王看到美人开心地笑了，便也会心花怒放，得意非凡。

文武百官自从见梅伯惨死，个个心惊胆寒，卷舌不言。微子启、仲衍、比干、黄飞虎等嗟叹不已。炮烙梅伯后，百官人人钳口结舌，没有谁再敢出面谏言，都唯命是从，诺诺而退。

"良药苦口利于病，忠言逆耳利于行。"一朝能有敢于直谏的忠臣，乃是国家之幸、社稷之福。然而，纣王和妲己用残酷的手段紧闭了进谏之门，耳旁只容阿谀奉承之音，任政治败坏，民不聊生。

敢于冒死进谏者有之，但向纣王上谏，只能落得"侠烈尽随灰烬灭"的下场，乃至于"孤魂无计返家园"。明知己言难被昏君所信，又何必自送性命呢？闭门大吉才是上上之策，更有甚者，投奔他处。商朝失却了这些忠臣，只留下一群拍马小人，亡国的命运，不言可知。

除去用炮烙残害忠良，为了取乐，妲己还想出了更为残忍的手段。

一日，纣王和妲己在摘星楼上欢宴，时值隆冬，天寒地冻，远远地看见岸边有几个人将要渡河，两三个老年人挽着裤腿正蹚在水中，但一些年轻人却犹豫不敢下岸。

纣王问妲己："河水虽然冰寒，但老人尚且不畏，年轻人却那么怕冷，这是何故？"

妲己回答："妾听说人生一世，得父精母血，方得成胎。若父母在年轻时生子，那时他们身体强健，生下的孩子气脉充足，髓满其胫，即使到了暮年，依然耐寒傲冷；假如父母年老时才得子，那他们的孩子气脉衰微，髓不满胫，不到中年，便会怯冷怕寒。"

纣王极为惊讶："果真如此？"妲己道："大王不信的话，就抓住这些一起渡河之人，砍断他们的胫骨一看便知。"

纣王命人将过河的几个人活捉到楼下，一人一斧，砍断胫骨，果然见老年的那些人髓满，年少的却骨空。纣王大笑道："爱妃料事如神！"妲己道："妾不但能辨老幼的强壮，即使妇女怀孕是男是女，我一看就知道。"纣王问："怎么才能知道？"妲己道："这也与父母的精血有关，男女交配时，男精先至，女血后临。属于阴包阳，定是男孩；若女血先至，男精后临，则肯定是女孩了。"

纣王不信，妲己则说道："大王不信的话，可以在城内抓几个怀孕的妇女验证。"纣王于是下令抓几十个怀孕妇女，集于楼下。妲己则一一指着说哪一个是男，哪一个是女。纣王命人剖开妇女的腹部验证，果然都如妲己所言。

（五）残害忠良

昏聩的纣王在妲己的蛊惑之下，做出了种种令人发指的行为。商纣王令人在平地上立一雕画的高柱，顶端安放桔槔，把那些不听命的诸侯吊起来，观其挣扎之状，以此为乐。商朝三公之一的九侯，有一位端庄美丽的女儿被进献入宫，服侍纣王。因此女不喜淫，纣王便十分恼怒，不仅将她处死，还把她的父亲九侯也杀了，并剁成肉酱。商朝另一位三公鄂侯，见纣王滥杀无辜，心中十分不满，便为九侯鸣冤叫屈，结果触怒了纣王，又遭处斩，尸体也被剁为肉泥，晒成肉干。西伯姬昌（即周文王）得知，心中不寒而栗，又怨又恨，又担心自己也将面临同样的灾祸。商纣王的亲信崇侯虎窃知姬昌的表现后，便向商纣王告密。商纣王遂下令将姬昌抓了起来，拘禁在羑里。

姬昌长子伯邑考为父赎罪，不远千里，携带黄金珠宝以及美女数十名，愿意自为人质。相貌英俊的伯邑考被妲己看中，妲己趁纣王喝醉之际，以言语调戏他，伯邑考不为所动。

妲己听说伯邑考精通琴艺，心生一计，以学琴为名，对伯邑考说："你且移于上座，我坐你怀里，你用手拿我的手指拨弦，这样用不了一刻钟，我就能学会了。"伯邑考正色说："娘娘之法，使我在万年之后如何被后人评价？史官若将此记入史册，娘娘又将如何被评价？娘娘本为一国之母，后宫之主，今天为了学琴而放荡如此，成何体统？若此事传出宫外，虽娘娘冰清玉洁，世人又如何肯相信？"

妲己听了伯邑考所言，羞得面红耳赤，无言以对，只好令伯邑考先行退下。妲己未能如愿以偿，便把一片爱他之心转为深仇大恨。妲己在纣王面前搬弄是非，说伯邑考在教她弹琴

时用言语调戏她，非常无礼。

唯妲己之言是听的纣王大怒，要立即处死伯邑考。而妲己则想出了更"聪明"的办法，她命人用四根大钉钉住伯邑考的手足，用刀将他剁成肉酱，又将其做成肉羹，送与西伯侯姬昌食用，姬昌不得已而食之。商纣王却幸灾乐祸地说："谁说西伯是圣贤？吃了用自己儿子肉做的羹还尝不出滋味！"从此，西岐之地便与商朝结下了不解之仇，为其推翻殷商的统治埋下了仇恨的种子。

妲己的心狠手辣还不仅仅是这些，就连权倾朝野的亚相比干也难逃惨死。

种种酷刑封住了大臣的嘴，却封不住身为纣王叔父的亚相比干那颗忠心。残害大臣，炮烙忠良，这位当朝元老耳闻目睹，早已忍无可忍。他不顾其他臣子的好心相劝，直斥纣王，言道："大王不修先王的典法，而用妇言，大祸不远了。"

纣王初时还顾虑到他的身份，不与他计较。无奈妲己却难以忍受比干的羞辱，遂对纣王说道："我听说圣人的心有七窍，比干自诩为圣人，剖开比干的心如何？看他是不是一个真正的圣人？"

昏庸的纣王听从了妲己的话，走到比干面前道："家族之中，你是叔父，我是侄儿；朝廷之中，你是臣下，我是君上。君叫臣死，臣不得不死。现在你欺君是不守臣节，这道理难道叔父不知吗？"

比干仰天长叹，道："老臣就掏出心来给你看吧。"于是命武士："取剑来给我！"侍御官取来青铜剑递给比干。比干接剑在手，望祖庙拜了八拜，尔后，解衣袒胸，将剑插入脐中，向上一挑，将胸膛切开，伸手进胸，掏出一颗活蹦乱跳的心来，往地下一掷，沉默不语，扪胸倒下，面如金纸一般地死了。

人没有了心不能活，而若是一个国家失去了心脏，又该如何存活呢，作为国君的纣王，就是商朝的心脏。如今这颗心脏已患上了严重的"心肌梗塞"，昏沉搏动，不能再为国家注入新鲜的血液，反而像癌细胞一样，四处侵蚀健康细胞且肆无忌惮，直至令整个国家灭亡。而作为王后的妲己，在其中起到了一种诱发癌变的作用，并且加速这种癌变的蔓延。商朝，即使是一个健壮的巨人，又怎能承受这种打击，更何况已是一个英雄迟暮的王朝。

四、武王灭商

（一）众叛亲离

纣王与妲己的暴行，已让殷商的仁人志士心寒，面对种种酷刑还不若装聋作哑，闭门大吉。于是，这就给了那些奸佞小人以可趁之机。他们凭着伶牙俐齿、三寸不烂之舌，将妲己吹捧得心花怒放。于是，费仲、尤浑、恶来这样的奸臣便乘此"东风"扶摇直上了。"远贤臣，亲小人"是一国将亡的征兆，商朝自不能免其俗。费仲善于阿谀奸利，致使商朝王族不满；尤浑以谗毁贤者见长，致使各方属国纷纷与商朝中央疏远。而纣王和妲己却对他们信任无比，致使朝政大权旁落，朝中大臣深受其害。

据说商朝太师闻仲，北伐西归后，曾上谏十策：一拆鹿台，安民心不乱；二废炮烙，使谏臣尽忠；三填虿盆，宫患自安；四填酒池，拔肉林，掩诸侯谤议；五贬妲己，别立正宫，自无蛊惑；六斩费仲、尤浑，快人心以警不肖；七开仓廪，赈民饥馑；八遣使命，招安东南；九访遗贤于山泽；十大开言路，使天下无言塞之蔽。

若这十条都能为纣王所施行，那殷商尚有苟延之机，尤其是其中的第五、第六两条，实为大快人心之策。然而纣王却不以为然："今妲己德性贤净，并无失德，如何便加贬？中大夫费仲、尤浑二人，素有功而无过，何为谗侯，岂得便加诛戮？"

闻仲再奏道："王后惑大王造此惨刑，神鬼怒怨，屈魂无伸，乞速贬王后；则神喜鬼舒，屈魂瞑目，所以消天下之幽怨。速斩费仲、尤浑，则朝纲清净，国内无谗。圣心无惑乱之虞，则朝政不期清而自清矣。愿大王速赐施行，幸无迟疑不决，以误国事，则臣幸甚。"

闻太师之语，可谓字字珠玑，全为保全社稷所虑。然纣王终不为所动，全由妲己"钦"点之事。

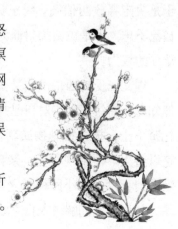

两个奸臣得罪了太师，被迫将其囚于狱中，但当太师再赴东海远征之时，纣王又传下旨意："释放费仲、尤浑。"

彼时微子出班奏道："费、尤二人，乃太师所奏系狱听勘者，今太师出兵未远，即时释放，似亦不可。"

纣王道："费、尤二人原无罪责，系太师屈陷。我岂不明？王伯不必以成议而陷忠良也。"微子不言下殿。不一时便赦出了两个奸臣，官复原职，随朝保驾。闻太师的一番苦心，全化做东流之水，耳畔秋风。

纣王剖比干、杀九侯、鄂侯，囚禁西伯侯，用酷刑杀害了许多贤良忠臣，举国上下，一片恐怖。商纣王的哥哥微子启多次劝谏，毫无作用。微子启害怕大祸临头，偷偷地逃出国隐藏了起来。箕子装疯卖傻，被纣王囚禁了起来，当做奴隶使用。大臣们人人自危，纷纷叛离。大臣辛申、太颠、闳夭、散宜生、鬻子等均叛商投周。最后，连掌管文献典籍和音乐的太师、少师也携带乐器弃商而投周了。

（二）凤鸣岐山

西伯侯被囚禁在羑里，周大臣闳夭、散宜生等人多方营救，他们从有莘氏那里得到一位美女，然后又购买了许多良马、珠宝美玉，贿赂商纣王的宠臣费仲，让他帮助献给商纣王。商纣王见了美女、良马、珠宝金玉之后十分高兴，于是决定释放西伯侯。纣王觉得囚禁西伯侯那么长的时间，释放他，又怕他对自己不忠。于是重新加封他为"西伯侯"，并赏赐他一把宝剑，给予他讨伐不法诸侯的权力。

周文王受封西伯侯，又获得纣王的"尚方宝剑"，可以说是荣归故里。但是他知道，商纣王其实对自己并不放心，所以他暗中修德，施行仁政，敬老爱幼，礼贤下士；极力抑制物质享受的贪欲，力戒骄奢淫逸、玩物丧志；严以律己，宽以待人。他重视农业，亲自督促众人开荒种地，大力发展生产事业。从中体察民情，以了解小民稼穑之艰难。他还注意关照那些鳏寡孤独、无依无靠的小民，想法为他们解决衣食之难。

周文王还竭力拉拢各诸侯国。周文王对诸侯以礼相待，和商纣王的暴虐残横形成了鲜明的对比。许多诸侯国仰慕周文王的德行，纷纷向西周靠拢。当诸侯国之间发生争执时，他们也不找商纣王解决，而是请周文王调解。例如山西南部的虞、芮两国为了争夺国界上的一块土地，多年征战不休，后来他们一起去找周文王评理。两个人走到周国境内，看到周国人遇事都相互谦让，于是都感到羞愧。两个人不好意思再去找周文王，后来两国间的那块土地谁也没有要，都是相互推让，一直闲置了许多年。诸侯们听说了这件事，都心向周文王，一时间许多诸侯都归附了西周。

纣王的宠臣费仲见周文王的势力越来越大，于是劝纣王："西伯侯姬昌贤明，百姓都爱戴他，诸侯国都归附他，必须要赶快将他除掉，要不然的话，肯定会成为大商朝的祸患。"商纣王说："他是个仁义之主，我怎么能杀他呢?"费仲说："帽子有了破洞，还是要戴在头上；鞋子即使再漂亮，还是要穿在脚上。现在西伯侯姬昌只是大王您的一个臣子，他行仁义，诸侯百姓爱戴他，总有一天他会成为大王的祸患的。作为人臣，他的聪明不为大王所用，反而到处树立自己的威信，和大王争夺民心。那么就要非杀不可，大王杀自己的臣子，有什么过错呢?"商纣王听不进费仲的劝告，说："施行仁义，是君王经常勉励臣子的话，现在西伯侯他施行仁义，我杀他又有什么借口呢?"商纣王最终没有接受费仲的建议。

在各方面准备工作基本就绪之后，文王在姜尚的辅佐下，制定了正确的伐纣军事战略方针。第一个步骤，就是剪商羽翼，对商都朝歌形成战略包围态势。为此，文王首先向西北和西南用兵，相继征服犬戎、密须、阮、共等方国，消除了后顾之忧。接着，组织军事力量向东发展，东渡黄河，先后剪灭黎、邗、崇等商室的重要属国，打开了进攻商都朝歌的通路。至此，周已处于"三分天下有其二"的有利态势，伐纣灭商只不过是时间问题罢了。

(三) 牧野之战

正当姬昌准备进攻商朝时，他却因年老患病死去。由第三个儿子姬发继位，即周武王。武王决心继承父亲

未竟的事业，拜姜尚为师，让兄弟周公旦、召公奭作助手，整顿内政，扩充兵力，联络同盟者，等待时机伐纣。

为了争取盟友们对周灭商的支持，姜尚向武王建议举行"孟津观兵"，也就是在孟津这个地方进行一次军事演习。他认为这样一可以检验一下各诸侯邦国对西周的态度，做到心中有数；二可以看看纣王对这次行动作何反应，试探一下商纣王的虚实；三可以利用这次观兵，让灭商部队进行一次战前演练。

武王听从了姜尚的建议，和他一起率甲士三万，虎贲三千，战车千乘，浩浩荡荡向孟津进发，队伍首尾长达二十多里。这次行动，武王一共向诸侯发出了一百多个请柬，但闻风前来的各路诸侯多达八百多个，带来了十多万士兵。孟津观兵取得了空前的成功。

在灭商之前，武王做了充分的准备。武王先派间谍到商朝，查看国情，回来的人说："坏人当权，混乱极了！"劝武王赶快发兵。但武王认为时机未到，后来间谍又回来报告，说："好人们全被废黜，可以进攻了！"周武王觉得是个很好的机会。公元前1046年（一说是公元前1057年）正月，周武王统率兵车三百乘，虎贲三千人，甲士四万五千人，浩浩荡荡东进伐商。同月下旬，周军进抵孟津，在那里与反商的庸、卢、彭、濮、蜀（均居今汉水流域）、羌、微（均居今渭水流域）、髳（居今山西省平陆南）等部落的部队会合。武王利用商地人心归周的有利形势，率本部及协同自己作战的部落军队，于正月二十八日由孟津（今河南孟县南）冒雨迅速东进。从汜地（今河南荥阳汜水镇）渡过黄河后，兼程北上，至百泉（今河南辉县西北）折而东行，直指朝歌。周师沿途没有遇到商军的抵抗，故开进顺利，仅经过六天的行程，便于二月初四拂晓抵达牧野。

商纣王刚开始听到周武王进攻的消息时并不以为然，但当周武王的军队浩浩荡荡地渡过了黄河，一直打到商都郊外牧野一带时，商纣王才感到事态严重。可是他的主力部队都在东方战场上，一时间调不回来，于是他只好把战俘和奴隶武装起来，居然拼凑成了一支七十万人的军队，他想以七十万之众打垮周武王不足十万的兵力，岂非轻而易举。于是他又依旧享受玩乐，专等胜利的消息。

商臣祖伊闻讯向商纣王直言进谏说："大事不好，上天要结束我们商朝了。不是先王不帮助其子孙，而是你荒淫乱政，自绝于先王，故上天也将你抛弃。当今的小民们没有不盼你早日灭亡的。"商纣王对此却置若罔闻，说："我有命在天，谁能奈何得了我？"

二月初五凌晨，周军布阵完毕，庄严誓师，史称"牧誓"。武王在阵前声讨纣王听信宠姬谗言、不祭祀祖宗、招诱四方的罪人和逃亡的奴隶、暴虐地残害百姓等诸多罪行，从而激起从征将士的斗志。接着，武王又郑重宣布了作战中的行动要求和军事纪律：每前进六步、七步，就要停止取齐，以保持队形；每击刺四五次或六七次，也要停止取齐，以稳住阵脚。严申不准杀害降者，以瓦解商军。誓师后，武王下令向商军发起总攻击。他先使"师尚父与百夫致师"，即让姜尚率领一部分精锐突击部队向商军挑战，以牵制迷惑敌人，并打乱其阵脚。

战斗开始了。周军的先锋像下山猛虎一般，冲向商军，惨烈的战斗一触即发。就在这紧要关头，商军前排的兵士们突然掉转矛头，朝后排冲去。原来这些都是被强征的奴隶和俘虏。他们早就恨透了纣王，根本不愿为他作战。这些奴隶同押送他们的人厮杀起来，他们杀死卫兵之后，成了周武王的开路先锋，向殷都朝歌杀去。

（四）鹿台自焚

正当牧野大战时，商纣王仍在鹿台带领百官观看斗鸡，这时一场斗鸡正好结束，按惯例，侍从去场上取下一支箭尾羽呈给商纣王，忽然听到有人急报："周兵已到牧野，杀奔都城而来！"

商纣王闻报大惊，叹道："诸侯军马上就要攻入后宫了，予英勇聪慧一世，岂肯为叛臣贼子所辱？"遂命左右宫人，摆宴鹿台。

纣王携妲己登上鹿台，只见姬发率诸侯大军，城里城外，冲突喊杀，如入无人之境。纣王说："大势去矣。"传旨封宫官朱升："速于鹿台下架起干柴，此台是予一人所有，不可为姬发小儿所得，予一人同此

台同归于尽。"

　　纣王见鹿台下堆满干柴，亲自斟酒，自与妲己在鹿台上饮宴起来。纣王酒过三巡，说："予死后，尔等必为姬发所占，予心又不忍见爱妻与我同归于尽，奈何？"说罢，不禁落下泪来。妲己闻言，也十分伤感，流着眼泪说："君王当初就不应该纳臣妾进宫。既进宫，更不应如此宠爱。事已至此，臣妾为君王捐躯就是了，请君王不必忧虑。"

　　纣王说："我与你恩爱一场，令人痛心。"妲己拉着纣王袍服，柔声娇语，也不知是悲是喜，哭得如泪人一般。纣王说："王后，不必悲啼。金樽美酒还在，何不痛饮一回？"

　　纣王连饮数杯，妲己又奉一杯祝寿，纣王一饮而尽，说："这酒实在难再饮了！"于是命左右宫人，速取宝衣、珍珠、玉贝来。纣王穿戴整齐，珠玉宝物，从头到脚缠满周身。打扮妥当以后，纣王说："孤本万乘天子之尊，不可为姬发小儿所掳，宫室珠宝玉贝亦不留于他人，你等下台去放火吧。"

　　于是，妲己下了鹿台，点燃了鹿台下的干柴，燃起熊熊大火，烈焰冲天，宇宙昏黑。只见纣王端坐鹿台之上，任凭烈火焚烧，纹丝不动。可叹一代商王，就这样葬身火海之中了。

　　妲己见纣王已死，心道："纣王所作所为，都是我的主意，如果我活着，也必然为天下人所不容。"想到此，妲己自刎而死，随商纣王而去。

　　武王进城，来到鹿台，不禁大吃一惊。鹿台上的亭台楼榭已成一片焦土，没烧尽的宫梁殿柱还冒着缕缕青烟。武王便下令士兵们寻找纣王的下落。不一会儿，武士们果然发现在灰烬里有一具尸体。那尸体倒在许多珠宝玉器堆中，相貌还依稀可辨，正是那罪大恶极的商纣王。武王怒不可遏，对着这个死去的

敌手连射三箭，并用剑砍纣王的尸体，然后命令士兵用"黄钺"将纣王头颅砍下，挂在大旗杆顶上。稍后，他又找到了妲己的尸体，武王又对着这具女尸连射三箭，用剑砍击尸体，然后换了一柄"玄钺"将她的头割下，挂在小白旗上。商王朝的统治结束了，周王朝的统治开始了。

暴虐之君——商纣

傀儡皇帝——汉献帝

　　东汉末帝汉献帝刘协，于公元190年豪强董卓所立。不久，董卓避东方联军的攻击，劫持献帝西行至长安，献帝成为董卓手中的傀儡。后董卓被王允设计除掉，其部将李催、郭汜又相继作乱，献帝及其小朝廷几经劫难，颠沛流离。公元196元，曹操迎献帝至许昌，"奉天子以令不臣"，献帝继续充当傀儡皇帝。公元220年曹操病亡，其子曹丕废献帝而自立，改国号为魏，东汉王朝灭之。

一、少年磨难

东汉后期，外戚、宦官集团争相控制皇帝，把持朝廷大权。外戚与宦官的干政和弄权造成了社会的动荡不安，使得东汉政权危机四伏。桓帝统治时期，先是由外戚梁冀专政，后有宦官单超等擅权，政治极其腐败混乱，豪强地主大肆兼并土地。加之灾荒频繁，万民饥寒，出现了"田野空、朝廷空、仓库空"的困难局面。桓帝却只知花天酒地、尽情享乐，后宫采女五六千人，衣食华丽精致，极尽天下的佳品，浪费的钱财不计其数。

中国古代昏庸帝王

汉灵帝刘宏继位以后，在政治上更加昏庸无为，在生活上也更加淫侈腐化。他不理政事，由宠信的宦官侯览、曹节等人操纵朝政。汉灵帝跟宦官狼狈为奸、胡作非为，搞得国库空虚、民不聊生。中平元年（184 年），终于爆发了黄巾大起义。起义虽然被镇压下去，但人民的反抗斗争却此起彼伏、连绵不断。献帝就是在这样的环境下诞生的，汉献帝刘协是汉灵帝的第二个儿子，生于光和四年(181 年)，他在出世以前，在娘胎中就已开始遭受磨难。

（一）母亲惨遭不幸

献帝刘协出生后不久，他的母亲王美人突然死去。汉灵帝得到报告后，亲自前去看望，只见王美人四肢青黑，分明是中毒而死，不禁潸然泪下，灵帝心中十分清楚，这一定是何皇后干的。

何皇后是屠家女儿，出身微贱，在好色的汉灵帝选美时，被送入宫。她生得花容月貌，肌肤莹艳，骨肉匀称，因而很受灵帝宠爱。一年后，她生下一个男孩，取名为刘辩，这更提高了她的地位，先被封为贵人，后又册立为皇后。她的哥哥何进，被封为侍中。恰巧，王美人也在这时生了一个男孩，取名为刘协。王美人是前五官中郎将王苞的孙女，姿色与何皇后不相上下，但她的才能却远远超过何皇后，她能书能算，擅长应对，很受灵帝的宠爱。

面对这样一个现实和未来的竞争对手，嫉妒心极强的何皇后几次图谋陷害她，但聪敏的王美人时时处处严加防范，使何皇后难以下手。

刘协出生以后，王美人身体虚弱，需要服药调治，安心静养。何皇后抓住这个可乘之机，命心腹内侍偷偷地将毒药放在药中，把王美人毒死。

面对这悲惨景象，灵帝怒不可遏，想废掉何皇后。何皇后惊惧不已，赶紧用钱买通宦官，从中说情，终于保住了皇后的凤冠。灵帝害怕王美人的儿子刘协再遭到不测，便将他寄居在永乐宫，交给董太后抚养。

（二）父亲荒淫无道

对自己所爱的美人尚且不能保护，灵帝的性格和为人之无能可见一斑。东汉虽亡于汉献帝刘协之手，但汉家江山实际上亡于桓、灵二帝，在刘协父亲汉灵帝刘宏在位时期政治局势就已每况愈下，深深地种下了灭亡的祸根。

汉灵帝非常贪财好玩。在洛阳汉灵帝后宫，经常会见到这样的场面：经过一番紧张的准备布置之后，后宫中出现了一条商业街，和城里的市场一样，店铺林立，叫买叫卖，十分热闹。所不同的是，这是经汉灵帝的命令，用宫中的珠宝、绸缎及各种什物充实起来的市场。买卖商品的，都是宫中的宫娥采女，灵帝本人也穿上商贾的服装，到各家商店中去购买东西，有时则充当店主，讨价还价地做买卖玩耍。他有时到酒馆去饮宴，以此取乐。实际上，店铺中的货物，都被那些采女们明拿暗偷，所剩无几了。

这种充当商贾的玩法玩腻了之后，灵帝又玩起狗和驴来。在西园游乐场，汉灵帝与一班无赖子弟玩狗，给狗戴上进贤冠和绶带。东汉时的进贤冠，是文官用的，前高八寸，后高三寸，长八寸。给狗戴上文官的帽子，虽然是对官员的一种污辱，但有些官吏欺压百姓，无恶不作，岂不和恶狗差不多吗？

灵帝还用驴驾车，他亲自操鞭执辔，驰驱于苑中。这件事被京城的人知道了，争相仿效，本来低廉的驴价，一时骤然提高，与马价相等。

这样无聊、贪玩、荒淫的君王，怎么能治理好国家？

灵帝还是个十分贪财的皇帝。他在西园开办

了一个官位交易所，明码标价，公开卖官。地方官一般比在朝官的价格高一倍。各种官职肥瘦不等，求官的人可以估价投标，出价最高的人，方可中标上任。除了固定的价格以外，还根据求官的人的身份及财产随时加减。一般说来，价格为两千石的官，两千万钱，四千石的官，四千万钱；可以现钱交易，也可以赊欠，到任后再加倍偿还。

河北大名士崔烈接替袁隗做司徒，就是通过汉灵帝的奶妈交付五百万钱当上的。事后，灵帝还感到后悔，认为此官卖得价格太低，他对亲近的人说："如果我能沉住气，这次司徒的价钱肯定能增加到千万。本来可卖一千万钱，现在仅卖五百万，太便宜了。"

宦官曹腾的养子曹嵩家里很富有，用一亿钱买了个太尉做，比定价高出十倍。

巨鹿太守司马直，素有清名，受诏到朝中做官，被要价三百万钱，他感慨地说："为民父母，却去剥夺人民，于心何忍?"他上书针砭时弊，然后自杀。

因为允许挂赊欠账，到任后再加倍偿还，买官者怕损失本钱又要大获利钱，所以一到任就疯狂地本利兼收。有时候州郡一月内就更替官员好几次，人民被逼得"寒不敢衣，饥不敢食"，贱价出卖自己仅有的一点谷物，奉献给新来的官，保住全家人的性命。

汉灵帝还命令州郡送助军修宫钱，大郡多至两三千万钱，小县也不能免。除送钱外，还要"价买"木材石料，令州郡运送到京师。宦官派人点收，硬说材料不中用，只给十分之一的价钱，然后再转手卖给商人，从中牟取暴利。有些材料根本就不点收，直接让州郡再送。

汉灵帝宠信宦官，听信宦官张让、赵忠的话，在田亩税中每亩抽10钱，作为修缮宫室的费用，这使汉灵帝赚了很多钱，他感激地说："张让张常侍，就是我的父亲，赵常侍，就是我的母亲。"

灵帝大量聚敛财富所造成的社会危机，许多人都看在眼里，中常侍吕强上疏劝谏。灵帝不予理睬，仍然一意孤行，我行我素。

除了聚敛财富，掠夺人民之外，从汉桓帝到汉灵帝，还发生了两次"党锢之祸"。

第一次发生在公元166年。太学生三万余人，以郭泰、贾彪为首，他们依附陈蕃、李膺等清流派官员，评论朝政，褒贬人物。州郡都有官学，太学生与他们相互通气，形成全国范围的政治团体，宦官及其党徒，无论是在朝的或是在地方的，都受到他们猛烈的抨击。汉桓帝下诏指斥李膺、范滂等二百余人为党人，下狱治罪。第二年，汉桓帝赦党人回家，但禁锢终身，不许再做官。

第二次发生在公元168年。灵帝即皇帝位时，只有12岁，窦太后临朝，窦武掌管朝政。窦武与陈蕃、李膺等人想诛杀宦官，因事泄露，窦武、陈蕃二人反被宦官杀害。二人死后，灵帝又大兴党狱，杀死李膺、范滂等一百多人，禁锢六七百人，太学生被捕者一千余人。

灵帝晚年，面临着选择继承人的问题。灵帝长子刘辩，为何皇后所生，举止轻浮，没有做皇帝的威仪，灵帝不喜欢他，打算立少子刘协，但又怕何皇后和何进不同意，所以迟迟没有决定。中平六年(189年)四月，灵帝一病不起，自知不久将永别人世，只好和上军校尉宦官蹇硕商议，让他拥立刘协。蹇硕打算杀掉何进，再立刘协为帝。不久，灵帝病死。蹇硕秘不发丧，假传圣旨让大将军何进入受顾命。何进接了圣旨，匆匆入宫，刚到宫门，正与司马潘隐相遇。潘隐与何进是故交，连忙用手向何进示意，让他别进去。何进慌忙退至营中，蹇硕的阴谋没有得逞，只得立刘辩为帝，史称少帝，尊何皇后为皇太后。当时刘辩才14岁，不能亲政，由何太后临政。

傀儡皇帝——汉献帝

二、献帝登位

（一）外戚宦官之争

两次党锢之祸，对宦官、士族的力量虽都有削弱，但宦官仍然盘踞朝廷，为害国家。

汉灵帝中平元年(184 年)，以张角、张宝、张梁三兄弟为首的黄巾军起义，给东汉政权以极大的打击。中平六年四月，灵帝一病不起，不久归天。这时，14 岁的刘辩即皇帝位，尊何皇后为皇太后，改元为光熹，封 9 岁的皇弟刘协为渤海王，以后将军袁隗为太傅，与大将军何进参录尚书事。

新皇帝即位了，但宫中的一场混战，却不可避免。

汉灵帝死后，大宦官、上军校尉蹇硕曾想乘机召大将军何进入宫，将其捕杀。因有人暗中给何进报信，何进才免遭毒手。何进大权在握之后，怎能不报前仇呢？他不但想杀死蹇硕，还想把宦官一网打尽。双方都怀有除掉对手的想法。

于是，一边策划于密室，另一边也在紧锣密鼓地准备。蹇硕给中常侍赵忠、宋典等人写去密书，交给郭胜传递。中常侍郭胜与何进同乡，太后与何进又掌重权，因此郭胜与何进亲近，他把蹇硕的密书径直送进了大将军何进的府中。

何进打开蹇硕的密信一看，不觉大吃一惊，只见信上写道："将军兄弟秉国专朝，今与天下党人谋诛先帝左右，扫灭我曹，但以硕典禁兵，故且沉吟。今宜共闭上阁，急捕诛之。"

形势急迫，何进决定先下手，抢在蹇硕之前行动。他让黄门令把蹇硕诱入宫来，逮捕并处死了他，同时宣布其罪行，其余人等概不株连，蹇硕所领禁兵皆归大将军何进节制。

杀了蹇硕，何进总算报了仇。一波方平，一波又起，何太后与董太后的矛盾又日趋尖锐。

骠骑将军董重，是董太后的侄子，原与何进权势相当。董太后在永乐宫抚养皇子刘协，因而很受灵帝尊敬。她几次和董重商量，劝灵帝立刘协为太子，对他们会大有好处。可是，灵帝总是犹豫不决。灵帝死后，刘辩即位，何太后临朝，董太后心中十分不平，说："她靠兄弟为将军，便敢作威作福，目中无人，我若令骠骑将军董重砍掉何进的头，易如反掌，那时她还能嚣张吗？"

这话传到何太后耳中，她觉得此事非同小可，立即找来何进商量对策。何进告诉弟弟何苗及三公，向皇上奏了一本，令董太后出宫，何进率兵包围骠骑将军董重府，勒令董重交出印绶。董重知道无路可走，自杀了事。董太后一股急火，暴病身亡。这时，何太后才为灵帝发丧，葬于文陵；董太后遗柩，运往河间，葬于慎陵；渤海王刘协，被贬为陈留王。

经过几番殊死的搏斗，何进、何太后取得了胜利。但是，杀死了蹇硕，宦官的势力并未彻底清除，他们仍然掌握着朝廷大权。看到这一点，校尉袁绍对何进说："从前窦武想除掉宦官，不但事不成，而且反为所害！主要原因是机密泄露。今将军兄弟，并领劲旅，部曲将吏，又皆系英俊名士，乐为效命，成功之事，俱在掌握之中，这真是老天赐予的机会。将军宜为天下除害，垂名后世，千万不要再错过这个好时机了。"

何进认为袁绍的话有道理，就去和太后商量，请尽除宦官，改用士人。何太后犹豫未决，思量再三，方才说道："中官统领禁省，是汉家古制，不可废除。且先帝新弃天下，我亦不便与士人共事，此事以后再议吧。"

何太后尽管以前做事手段毒辣，可在铲除宦官的问题上心慈手软，犹豫不决，使东汉后来的历史出现了极其复杂的局面。

何进不便违背何太后的意思，袁绍着急地说："现在已骑虎难下，失去时机，反受其害！"

何进想了个不彻底的办法，说："我看可以杀一儆百，将首恶者除掉，其余的人还能有什么作为？"

袁绍不同意他的意见，他对宦官的势力和能力都没有低估，而且态度坚决，他说："宦官在皇上左右，出纳号令，一动百动，杀一二人，岂能永绝后患？

必要将他们全部扫除，方能无忧！"

何进也是个少谋略而且优柔寡断之人，不能当机立断，把重大的事情就这样拖过去了。

宦官张让、赵忠等人，没有与蹇硕同死，已经躲过一关，此时见大事不好，便用大量金珠玉帛，贿赂何进的母亲舞阳君以及何进的弟弟何苗。母子二人得了好处，便从中为他们说话。当时传出谣言来，说："大将军专杀左右，权力大而专横，并非是国家之福。"何太后听闻后，心里生疑，逐渐与何进疏远。

（二）董卓入京

何进失去太后的宠信，很是懊恼，袁绍又为何进出了个主意，让他召四方猛将及诸豪杰引兵入都，胁迫太后，除去宦官。这显然是个十分拙劣的下策。试想，如果何进果断一些，像除掉蹇硕那样铲除宦官是完全可能的。他不采取果断措施，反而引狼入室，岂非愚蠢？

主簿陈琳劝他说："谚语说：'掩耳盗铃'，是自欺欺人，一铃都不能取，何况国家大事呢？今将军仗皇威，握兵权，龙骧虎步，高下在心，诛除宦官，容易得很。只要当机立断，即可成功。今欲借助外兵，召其进京，大兵犯朝，群雄聚会，授人以柄，不但不会成功，反而会招来祸乱！"何进执迷不悟、听不进陈琳的劝阻。

典军校尉曹操，听到这件事，偷偷地笑何进愚蠢，说："宦者之官，古今皆有，但君主不应过分宠信他们，给他们很大的权力，酿成祸乱。若想治他们

的罪，应当先除元凶，一个狱吏就足够了，何必纷纷去邀外兵，想要全部除掉宦官，事情必然会泄露，我看肯定会失败的！"

在招外兵进京的问题上，何进并不听人劝阻，毫不犹豫，派人四方传檄，命他们火速带兵进京。

前将军陇西豪强董卓首先响应，率兵奔京城而来。侍御史郑泰劝阻何进说："董卓强横残忍寡义，贪得无厌，若给他权力，肆意独断，将来必要为朝廷之患，明公以亲德之重，号令之权，除掉几个有

中国古代昏庸帝王

罪的宦官，何须依靠董卓。况且，事缓变生，殷鉴不远，应当速决！"

何进仍听不进去他的话，尚书卢植也劝何进不要召董卓进京，何进还是不听。郑泰气愤不过，对黄门侍郎荀攸说："何公不好辅佐啊！"之后他毅然弃官回到河南故里，安享天年去了。

董卓昼夜兼程，在途中派使者火速先进京去，上书请诛宦官，书中说：

"中常侍张让等窃幸承宠，浊乱海内；臣闻扬汤止沸，莫若去薪，溃痈虽痛，胜于内食，昔赵鞅兴晋阳之甲，以逐君侧之恶，今臣辄鸣钟鼓如洛阳，即讨让等，以清奸秽。"

何太后看到董卓入京，不同意这种做法，何苗也百般袒护宦官，对哥哥何进说："弟与兄从南阳入都，前时何等贫贱困苦？多亏内官相助，得此富贵。国家之事谈何容易，一朝失手，覆水难收，望兄思之，不如与内侍和协，切勿轻举！"

一席话说得何进动摇起来，忙派谏议大夫种邵，带着诏书前去阻止董卓进京。这时，董卓已快到洛阳，根本不听劝阻，继续向河南进兵。种邵谴责董卓违诏，董卓理屈，暂时还军河南城西夕阳亭。

袁绍仍劝何进不要犹豫，否则会生变故，何进仍不答应。袁绍便假托何进之命，传书州郡，逮捕宦官亲属，归案定罪。在新形势的逼迫下，何进又去长乐宫，向何太后请示诛杀宦官的事。这事被张让、段珪知道了。他们悄悄定计，假传太后诏命，迎伏在嘉德殿门外，何进一进入殿门，就被尚方监渠穆杀死。

何进被杀，使矛盾激化。袁绍再也没有什么顾忌，命弟弟袁术及吴臣、张璋去攻打宫门，要求交出张让等人。他们见宫门紧闭，又有人守卫，就在青琐门外放起火来，火光照耀宫中，人人见了胆战心惊。此时，何太后不知何进已死，张让只说大将军发兵叛乱，焚烧宫门，何太后被张让等人挟持着，连同陈留王刘协一起，从复道（天桥）逃往北宫。

袁绍、袁术、卢植等人到处追杀宦官，追到北宫，见一个，杀一个，连杀三千多人。何太后在逃跑中被卢植救下，就是不见张让、段珪及皇帝刘辩和陈留王刘协。张让、段珪见兵入北宫，便胁迫少帝兄弟出谷门，即洛城正北门，走小平津，慌忙中，连传国玉玺都没来得及携带。

张让、段珪等人劫持少帝和陈留王刘协逃出洛阳城，连夜赶到小平津（今河南孟津县东北）。尚书卢植和一个叫闵贡的官员，带领人马追了上来，拦住张让、段珪的去路。张让、段珪见大势已去，无可奈何地跳进黄河自杀了。

（三）献帝登基

少帝刘辩与陈留王刘协经过一夜奔波，受了许多惊吓，吃了不少苦头。卢植等人扶着少帝和陈留王往回走。天，漆黑黑的；路，崎岖不平。少帝和陈留王从小深居皇宫，娇生惯养，哪里经得起这一番折腾。他们虽然被人搀扶着，但走起路来也是一步一滑，一步一喘，东倒西歪。到五更时分，好不容易来到一处驿馆，在这里住下来。

次日清晨，卢植早起赶回洛阳报信。闵贡担心驿馆不安全，也催着少帝动身回洛阳。当少帝一行往京城方向行走时，忽见前面尘土飞扬，一队人马滚滚而来，挡住了去路。大臣们个个吓得面如土色，不知所措。少帝刘辩更是惊恐万状，失声痛哭。正当君臣们乱作一团之时，只见队伍中一员大将大摇大摆地朝少帝走来。几个大臣迎上前去询问，才知道来者是并州刺史董卓。

董卓在夕阳亭待命，后进兵到显阳院，见都中大火冲天，知道宫中有变，便兼程进京，与少帝刘辩和陈留王刘协在北邙山相遇。少帝见了董卓，紧张得连话都说不清。董卓询问起叛乱的情况，他一句也答不出来，陈留王却格外机灵冷静，把宫中出事的前后经过，一五一十地告诉了董卓。董卓听后，暗暗称奇。这件事触动了董卓的心思，决定了后来刘辩和刘协的命运。董卓表面不动声色，暗地里却下定决心，要废掉少帝，另立陈留王刘协为帝。

董卓进京以后，开始废嫡立庶，从中窃权的行动。他想拉拢袁绍，利用袁氏家族的地位来压服人心，但遭到袁绍的反对。双方吵了一通以后，袁绍一气之下，解下印绶，悬挂在皇宫门口，跑出京城，到冀州去了。

袁绍的反对并没有动摇董卓的决心，他一不做，二不休，索性把朝中大臣集合起来，直言不讳地说了自己的打

中国古代昏庸帝王

算，并威胁说："我听说从前霍光确定大政方针时，总是拿着刀剑，有人胆敢阻拦，就军法从事。我也打算采用霍光的办法，请诸位好好想一想。"

董卓这番话，把大臣们吓得面面相觑，不敢做声。过了好久，尚书卢植才说："当今皇上青春年少，又没有什么大错，怎么能废呢？"

重压之下，竟还有人反对。董卓不禁大怒，当即拔出利剑，恶狠狠地向卢植扑去。卢植撒腿往外跑，董卓紧追不舍。侍中蔡邕出来规劝，说："卢植是著名学者，威望很高，如果杀了他，会使天下不安。"董卓这才停止追赶。

第二天，董卓上朝，拟诏罢免卢植，接着，又把废嫡立庶的事写成诏书，派人送给太傅袁隗，袁隗只好同意。得到袁隗的支持，董卓立即率领文武大臣来到崇德殿，逼迫何太后废黜少帝刘辩。董卓说："先帝死时，少帝没有好好哀悼，没有孝心，不宜当皇帝。"

说完，不管太后同意不同意，就让袁隗把少帝扶出来，立即收缴印绶，摘下皇冠。何太后知道董卓的厉害，一句话也不敢说。少帝更是无可奈何，乖乖听从摆布。

废黜少帝后，董卓又把矛头指向何太后。他当众宣布："何太后曾逼死过董太后，违背了天理人伦，不配当太后，应当废！"说罢，令人宣读事先拟好的册文。

崇德殿内，死一般寂静，只有宣读册文的声音如雷轰顶："废除刘辩皇位，封为弘农王；立陈留王刘协为皇帝，以顺天理人心。"

册文刚刚读完，董卓就向陈留王刘协献上皇帝印绶，刘协戴上皇冠，正式登基。群臣朝贺，山呼万岁。就是刚刚被废的少帝刘辩也不得不列入朝班，三跪九拜，行君臣大礼。不过，在强权的控制中，下台的难受，上台的也不舒服。突如其来的大贵大富，意想不到的君临天下，刹那间发生的翻天覆地的变化，使刘协惊恐不安。这个九岁的小皇帝，坐在御座上，手足无措，但迫于董卓的压力，也不得不强作镇定，装模作样。从此，刘协正式登基，史称献帝。从此由他伴随汉室江山这只破船，在风雨中飘摇。

三、董卓之乱

（一）早年董卓

董卓出生于殷富的地方豪强家庭。当时临洮属于边远地区，与西北少数民族羌人的居住地相邻。董卓自小养尊处优，少年时期便形成了一种放纵任性、粗野凶狠的性格。史书载，董卓"少好侠，尝游羌中""性粗猛有谋"。董卓不仅能识文字，体魄健壮，力气过人，还通晓武艺，骑上骏马，能带着两副弓箭，左右驰射。他那野蛮凶狠的性格和粗壮强悍的体魄，使得当地人都怕他三分。不仅乡里人不敢惹他，周边羌人也不敢有丝毫怠慢。羌族首领豪帅为了保全自己，极力迎合趋附董卓，并且与他结为友好，以求暂时相安无事。地方豪帅们经常带着大量的牲畜和财物前来拜望，与董卓称兄道弟。董卓年轻的时候就常常到羌人居住的地方游玩，依仗地主豪强的出身和富足的资产，广泛结交豪侠义士。他十分熟悉那里的情况，见羌人如此敬畏自己，便寻思如何来利用和控制他们，在羌人中培植和网罗亲信，为自己以后的长远发展打下基础。于是，在野心驱使下，董卓丝毫不吝惜花费自己的家产，每当羌人豪帅来家做客，他便杀牛宰羊款待羌人豪帅，以取得他们对自己的支持和拥护。羌人一方面畏服董卓的凶悍，一方面感于董卓的"豪爽"，所以都归附他，愿意听从他调遣。一次，一个羌人豪帅见董卓家的牛羊宰得所剩无几，便从老远的地方赶来上千头牛，赠给董卓。由此可见，董卓当时在羌人中的影响之大。

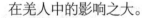

除了结交羌人，董卓还注意保持自己在当地豪强中的地位和影响，拉拢、兼并其他势力，不断巩固和扩大自己的力量。他经常扮演游侠豪杰的角色，在当地享有"健侠"的美名。同时，董卓还收罗大批失意、落魄的无赖之徒，他们为董卓的义气所感动，后来都一直死心塌地地跟随他。

董卓势力的扩张有着深刻的历史背景和社会根源。自汉光武帝刘秀建立东汉政权以来，地方豪强地主势力就相当强大。东汉末期，由于中央政权衰弱，农民起义不断，地方豪强便趁机兼并土地，扩充势力。朝廷对豪强势力的膨胀虽然深感忧虑，但又无能为力。在众多矛盾冲突并发的灵帝时期，中

央政府一方面想极力抑制地方豪强，另一方面又不得不利用地方豪强来镇压农民起义和少数民族的反抗，董卓便也毫不例外地成了官府利用和招抚的对象。当时董卓出任凉州兵马掾一职，负责带兵巡守边塞，维护地方治安。这样一来，董卓通过控制更多的羌人，为他今后势力发展奠定了坚实的基础。一时之间，董卓成为闻名陇西的风云人物，不管是在官府，还是在民间，董卓都具有举足轻重的地位。随着自己势力的不断膨胀和地位的持续上升，董卓似乎已不满足于边远豪强的名分，认为自己需要更加广阔的政治空间。于是，他开始进一步积蓄力量，伺机发展。

不久，东汉朝廷急于解决西羌问题。这对于董卓来说，是一个极其重要的发展契机。西羌问题一直是东汉政府最棘手的民族问题，自汉安帝永初二年(公元108年)开始，羌人就不断发动起义，涉及范围相当广泛，持续时间也很长。汉桓帝年间，西羌问题不仅没有得到丝毫解决，羌人声势反而更加浩大。羌人不堪忍受汉朝地方官吏对他们的剥削和压迫，不断杀死汉朝官吏，侵占州县。而面对羌人的反抗，腐败无能的东汉政府根本就无能为力，只得求救于地方豪强，想借他们的力量来缓解西羌危机。当时，深知董卓底细的陇西地方官吏极力向朝廷推荐董卓，这无疑是给董卓创造了一个发展势力、满足贪欲和野心的良机。

汉桓帝永康元年(167年)，董卓担任羽林郎，统管元郡(汉阳、陇西、安定、北地、上郡、西河)羽林军。不久，他升为军司马，跟从中郎将张奂征讨并州反叛的羌人。征战中，董卓极力表现自己，充分发挥他勇猛强悍的优势，纵横冲杀，左右开弓，由于战绩突出，因功升为郎中，后来又因功升迁为广武(今山西省代县)令、郡守北部都尉、西域戊己校尉(掌管西部各民族事务的官职)，一直到官拜并州刺史、河东刺史。至此，董卓可谓平步青云。只是任中郎将后，他

在一次镇压黄巾军的战斗中惨遭失败，获罪革职，又被贬回陇西。但是，在当时特殊的社会政治环境下，董卓独特的性格和狂妄的野心决定了他不会甘于失败和寂寞。

汉灵帝中平元年(184年)冬天，居住在西羌地区的汉人拥立羌人领袖北宫伯玉、李文侯为将军，杀死护羌校尉冷征。后来，伯玉和李文侯又归服金城(今甘肃兰州市西北)汉人边章和韩遂。在不断的兼并战争中，边章和韩遂势力迅猛增强，不仅杀死了金城太守陈懿，而且还于中平二年以讨伐宦官为名，率领大军，"入寇三辅，侵逼园陵"。在东汉政权面临被推翻的紧急关头，汉灵帝急忙启用和征派几乎所有的强将精兵抵御边章和韩遂的进攻。于是，董卓被重迁中郎将，拜破虏将军，和司空张温、执金吾袁滂、荡寇将军周慎等率领步兵、骑兵共十余万人屯兵美阳(今雍州武功县北)，护卫园陵。当时，边章、韩遂也正好进兵美阳。两军对垒，初一交锋，由于羌兵凶悍勇猛，而且士气旺盛，董卓所率朝廷军队遭遇打击，形势不利。张温等人心急如焚，生怕朝廷怪罪，而董卓却神色自如，劝慰他们说："现在我们虽然处于不利地位，但只要我们等待时机，稳定情绪，一定能击退敌人。如果连我们当统兵将领的都惊慌失措，势必会动摇军心，给敌人创造进攻我们的机会！"

果然不出董卓所料，十一月中旬某天夜晚，月黑风高，一片肃杀之气。由于交战双方一直处于相互对峙的紧张状态，除了各自负责戒备的哨兵外，所有士兵都被战争拖累得精疲力竭。夜半时分，静悄悄的夜空突然出现一道长达十余丈的流星，半壁天空火光如柱，惊得边章、韩遂军营中的战马狂嘶不已。熟睡中的士兵惊醒后也被这一突如其来的奇怪现象吓得目瞪口呆，不知所措。他们以为这是将要打败仗的不祥征兆，不愿再留在美阳打仗，都想回旧地金城。顿时，整个军营一片骚乱，久久不能安静下来。

第二天清晨，东汉军队的探马向董卓火速报告这一紧急军情。董卓听后，欣喜若狂，心想正好可以利用这一天赐良机突袭边章、韩遂的部队，杀他个措手不及，彻底消灭敌人。于是，董卓立即采取行动，与鲍鸿等人合兵夹击。由于对方军心受到影响，组织不严，大部分士兵根本没有思想和防卫准备，顷刻之间遭受沉重打击，死伤无数。

董卓大获全胜，边章、韩遂败走榆中(今甘肃省兰州市

中国古代昏庸帝王

50

金城县中部)。董卓见机会难得，便马上与周慎等人率领大军追剿逃军。由于金城是羌人的大本营，影响无处不在，到处都驻有军队，而董卓等人盲目深入西羌，又犯了"穷寇勿追"的兵家禁忌，在追赶过程中，遭到数万名羌人围击。孤军深入的东汉大军完全陷入西羌部队的分割包围之中。由于后方援军无法及时赶

到，不到数日，各军粮草耗尽，而围兵不仅没有丝毫退意，反而进攻更加猛烈，情势十分危急。当时，由周慎等人率领的军队被彻底击溃，只有董卓的部队设计得脱。沉着老练的董卓在如此情况下，仍不惊慌，他命令士兵在河中筑一高堤坝，截断上游的流水。羌人对此感到莫名其妙。这时，羌骑侦察士兵回来传出消息说，东汉军队整天在坝中捕捉鱼虾。西羌将领以为董卓军粮已尽，只得靠捕捉鱼虾充饥，于是放松了警惕，只围不攻，想困死董卓的军队。可是，很久都不见动静，等羌骑探明情况时，董卓军队早已消失得无影无踪，不知去向。原来，董卓筑坝的真正目的是迷惑敌人，以此作掩护，然后伺机悄悄撤退。因抗击边章、韩遂有功，表现突出，董卓不久便被封为台乡侯，食邑千户。

汉灵帝中平三年，羌人内部发生兵变，韩遂格杀边章、北宫伯玉、李文侯，集结三人的部队共十余万人围攻陕西，太守李相如叛离朝廷，归附韩遂。不久，韩遂又联合周边的马腾等人，合兵进攻三辅，声势浩大，势不可挡。中平五年，韩遂、马腾已攻到陈仓(今陕西省宝鸡市)，危及长安和洛阳。灵帝急忙拜董卓为前将军，与左将军皇甫嵩共同解陈仓之围，大败韩遂、马腾。董卓因此又得到朝廷封赏。

不断升迁的董卓势力急速膨胀。东汉朝廷为了遏制董卓权势继续滋长和蔓延，于中平六年征董卓为不掌实权的少府。董卓明白朝廷用意，便婉言拒绝，不肯就任。灵帝病重，急忙召见董卓，拜他为并州牧，所属部队隶属皇甫嵩。野心勃勃的董卓自然对朝廷如此安排和任命不满，便回奏灵帝说："士卒大小相狎弥久，恋臣畜养之恩，为臣奋一旦之命，乞将之北州，效力边陲。"拒绝交出兵权。随即率领自己所属部队进驻河东，以观时变。

董卓自领兵征讨羌人、镇压黄巾军以来，因战功显赫，受到朝廷多次重用，

傀儡皇帝——汉献帝

51

不断升迁，尤其是击败韩遂等人的进攻后，他的势力日趋壮大，形成了一支以凉州人为主体，兼杂胡人和汉人的混合军队。朝廷虽然对董卓加以抑制，但羽翼日丰的董卓自恃战功与威望，变得越来越野心勃勃，目中无人。

屯兵河东以后，整个陇西便成了董卓的势力范围，他不仅掌握强大的武装力量，是地方军阀豪强，还是朝廷命官、边陲重臣。凭借强大的实力，极度膨胀的野心促使董卓开始着手设计问鼎中央政权的具体步骤。

（二）董卓乱政

在进入京城，手握汉廷军政大权后，董卓并不知足。为了更有效地控制皇帝，董卓不顾朝臣反对，胁迫献帝将都城从洛阳西迁至长安。董卓还无视礼制和皇威，在自己的封地修筑了与长安城墙规模相当的坞堡，高厚达七丈，明目张胆地用"万岁坞"来命名，并规定，任何官员经过他的封地时，都必须下马，恭恭敬敬地对他行大礼。

初到洛阳时，董卓手下虽然也集结了一批心腹亲信，但是，要在庞大的中央官僚体系中纵横捭阖，单靠这些人是远远不够的。况且当时朝中许多有一定势力和影响的官僚，根本就不服董卓。对此，董卓在玩弄权术的过程中，暗中培养爪牙，广为收罗亲信，用拉拢、诱惑、排挤等手段打击和陷害一切于己不利的势力和集团。封侯后，董卓极力拉拢司徒黄琬、司空杨彪。三人在朝中拉帮结派，沆瀣一气，抬举和扶植已被贬斥的陈蕃、窦武等人的后人。董卓不仅全部恢复陈蕃等人以前的爵位，还擢升他们的子孙，以使他们世世代代为己所用。据史载，董卓利用手中特权，重新提升和任用大批党人，如吏部尚书周毖、侍中伍琼、尚书郑公业、长史何颙、司空伍处士等。不仅如此，只要是与以上人员有关的党锢之徒，董卓都把他们拔为列卿，一时之间，"幽滞之士，多所显拔"。当朝大文学家蔡邕也曾被董卓拉拢和征召。当初，议郎蔡邕因直言上书皇帝而被放逐朔方，后来遇赦返回乡里。当地官吏王智原来与蔡邕有私怨，便弹劾蔡邕有诽谤政府的言论，蔡邕又被迫离家逃命，浪迹江湖，历时十二年。

董卓对蔡邕的盛名和才气早有所闻，便特别征召他进京任官，蔡邕不想再涉及政治，婉言拒绝。董卓便威胁蔡邕："如不听命，我将诛杀你们全族。"蔡邕恐惧，只好回到洛阳。董卓大喜，任命他为祭酒，十分敬重蔡邕，后来又不断升迁他的官职。史书载，蔡邕三天之内，历遍"三台"，官至中郎将。

董卓除了在中央各处安插自己的势力外，还通过任命太守、刺史等手段布置地方爪牙。这样，董卓通过层层安置耳目，基本上已经控制了中央和地方的主要政治力量，只要是不满他的官员稍有动作，他便毫不留情地予以彻底铲除，杀鸡骇猴，威慑朝野。

董卓观察到手握实权的袁绍和曹操对己不利，必须尽早除掉。早在废立皇帝之前，董卓就想利用袁绍来支持他，可是遭到袁绍的极力反对。一次，袁绍说："大汉恩德布满四海，万民拥戴，国泰民安。今皇上年纪虽小，但并没有恶行传布天下。你如果要罢黜皇上，改立新帝，恐怕没有人赞同你的意见。"董卓听后，凶相毕露，持剑怒斥袁绍说："我是有意看重你，没想到你如此不识抬举，今天不杀掉你，今后总是祸害！"袁绍也手按剑柄，针锋相对，董卓不敢轻举妄动。当夜，袁绍就逃奔勃海郡避难。因为袁绍是世家大族出身，董卓也不敢继续追究。董卓军进驻洛阳时，曹操也在京城，而且手中掌握有一定兵权。董卓在扩充兵力、统收兵权的过程中，也曾想通过诱之以利来吃掉曹操。但曹操识破董卓的阴谋，拒绝与他合作，不辞而别，逃离洛阳。

卫尉张温曾担任太尉，素来对董卓飞扬跋扈、野蛮残忍的行为极为不满。董卓也视张温为眼中钉，为了除掉这一心头大患，董卓便在朝中散布谣言，诬蔑张温与袁术长期勾结，对抗朝廷。不久，便以"莫须有"的罪名，笞杀张温。在董卓的淫威逼迫和阴谋陷害下，他的竞争对手和朝中许多忠义之臣，不是被迫出逃，就是被铲除消灭。

废立皇帝之后，董卓又对何太后看不顺眼，认为她有碍自己在朝廷上下恣意妄为和树立威信。于是，董卓又大会群臣，向大臣们历数太后所谓的罪行，说她如何如何逼迫婆母永乐皇太后(灵帝刘宏的母亲)，以致皇太后忧虑而死。这种违背婆媳常理，不讲孝顺礼节的做法，应当受到严厉惩处。之后，董卓便责令

何太后迁居永安宫，不久，董卓又借故杀死少帝刘辩，毒死何太后。通过对中央政权最高层人员的更换和处理，整个东汉政府几乎完全受制于董卓。皇帝的废立、朝臣的任免、重大政策的制定，都由董卓说了算。此时，野心极度膨胀的董卓，已经目空一切。

改立献帝之后，董卓将自己升迁为太尉，领前将军事，成为三公之一，掌管全国军事事务，后又自封郡侯，进位相国，跃居三公之首，掌宰相权。董卓虽然名为"一人之下，万人之上"的国相，但实际上却远远超越皇帝，享有"赞拜不名、入朝不趋、剑履上殿"等特权。一人得道，鸡犬升天。自己加官晋爵后，董卓还利用自己手中的特权，大肆加封董氏家族成员。他首先封自己的母亲为池阳君，越礼配备家令和家臣，地位与皇家公主相当。同时，董卓又拜弟弟董旻为左将军，封雩侯，另外还封自己年幼的孙女为谓阳君。更有甚者，"卓侍妾怀抱中子，皆封侯，弄以金紫"。

董卓初次率军进兵洛阳时，见城中富户贵族府第连绵，家家殷实，金帛财产无数，便放纵手下士兵，进行所谓"收牢"行动。这些士兵到处杀人放火，奸淫妇女，劫掠物资，把整个洛阳城闹得鸡犬不宁，怨声载道。

控制中央政权后，董卓残忍不仁的恶性更加膨胀，经常派遣手下士兵四处劫掠，残害百姓。汉献帝初平元年(190年)二月，董卓部属的羌兵在阳城抢劫正在乡社集会的老百姓。士兵们杀死全部男子，凶残地割下他们的头颅，血淋淋地并排挂在车辕上，令人触目惊心。此外，他们还趁机掳走大批妇女和大量财物。回到洛阳后，他的手下将领把头颅集中起来加以焚烧，而把妇女和财物赏赐给士兵。

一次，朝中许多官员被董卓邀请去赴宴。官员们都莫名其妙，不知董卓葫芦里到底卖的什么药。宴会上，董卓兴致高昂，招呼大家不要顾忌，畅怀痛饮。酒过三巡，董卓突然起身，神秘地对在场的人说："为了给大家助酒兴，我将为各位献上一个精彩的节目，请欣赏！"说完，击掌示意，狂笑不已。顿时，整个宴席变成了肃杀的刑场。董卓把诱降的几百名北方反叛者押到会场正中央，先命令士兵剪掉他们的舌头，然后有的人被斩断手脚，有的人被挖掉眼睛。其手段之残忍，令所有在场官员和士兵惨不忍睹，许多宾客手中的筷子都被吓得抖落在地。董卓却若无其事，仍然狂饮自如，脸上还流露出洋洋得意的神色。还有一次，董卓把俘虏来的数百名起义士兵先用布条缠绑全身，头朝下倒立，然后浇上油膏，点火将他们活活烧死，可谓残忍至极。

迁都长安时，为了防止官员和人民逃回故都洛阳，董卓将整个洛阳城以及附近二百里内的宫殿、宗庙、府库等大批建筑物全部放火烧毁。昔日兴盛繁华的洛阳城，瞬息之间变成一片废墟，凄凉惨景令人顿足痛惜。为了攫取财富，董卓还派吕布洗劫皇家陵墓和公卿坟冢，尽收珍宝。整个洛阳城狼藉不堪，在董卓肆意践踏破坏下，已是千疮百孔，满目疮痍。

董卓掌权后，国家制度朝令夕改，反复无常，严重阻碍了整个国家政权机器的正常运转。其中，他颁布的法律刑罚尤为混乱无度，不成体统。对普通老百姓往往实施严刑酷法，而对亲信家族，则违法不究，一切都取决于董卓个人的意志。《魏书》记载：董卓专门指派司隶校尉刘器登记所谓"为子不孝，为臣不忠，为吏不清，为弟不顺"的臣民，凡是册上有名者，都被处死，财产没收。不久，整个社会便民怨沸腾，冤狱遍地。

为了聚敛巨额财富，董卓大量毁坏通行的五铢钱，还下令将所有的铜人、铜钟和铜马打碎，重新铸成小钱。粗制滥造的小钱不仅重量比五铢钱轻，而且没有纹章，钱的边缘也没有轮廓，不耐磨损。小钱的流通直接导致了严重的通货膨胀：货币贬值，物价猛涨。据史书记载，当时买一石谷大概要花数万钱。老百姓苦不堪言，生活陷于极度痛苦之中。董卓却利用搜刮来的钱财，整日歌舞升平，寻欢作乐，荒淫无度。

（三）董卓之死

善有善报，恶有恶报。董卓的倒行逆施终于激起了广大人民的愤怒与反抗。许多有志之士出于对国家危亡的考虑，与董卓进行了不屈的斗争，在很大程度上打击和动摇了董卓的地位和统治基础，同时也缓解了董卓对整个东汉政权的破坏性影响。起初，议郎杨勋与左将军皇甫嵩秘密商议，准备共同讨伐董卓，只是后来由于皇

甫嵩被征调，杨勋势单力薄，才就此罢休。初平元年(190年)，冀州刺史韩馥、兖州刺史刘岱、豫州刺史孔伷、南阳太守张咨和袁绍等十余人都纷纷起兵反对董卓，从此掀起了大规模持续反抗董卓的斗争浪潮。不久，长沙太守孙坚率领豫州各郡军队征讨董卓，在梁地(今汝州梁县西南)被董卓部将徐荣打败，联合孙坚反董卓的颍州太守李曼也被生擒。

接着，河内太守王匡又屯兵河阳津(今河南省孟县西部的黄河渡口)，准备进攻董卓。不料老谋深算的董卓早有觉察，先派疑兵向王匡挑战，而暗中却派精锐部队从小平津渡河北上，绕道偷袭王匡所部。王匡大败，几乎全军覆没。第二年，孙坚重新收拢流散部属，进驻梁县，准备再度讨伐董卓。董卓派胡轸、吕布迎击孙坚。由于胡、吕二人心存芥蒂，不能和睦相处，还没交战，士兵就四散逃离。孙坚趁机出击，胡轸、吕布大败而逃。董卓见势不妙，不得不派部将李傕向孙坚求和。孙坚不理，继续进攻距洛阳只有90里的大谷关。董卓被迫率军出战，被孙坚击败，退驻渑池。孙坚乘胜追击，遇吕布，大败吕布后，出兵函谷关，分兵两路，直取新安和渑池。

此时，山东诸路豪杰也纷纷揭竿而起，共同起兵声讨董卓。被多股义军逼得无路可走的董卓决定迁都长安，以避锋芒。但是，征讨董卓的斗争并没因此而有丝毫松懈，反而更加风起云涌。这时，董卓已成为众矢之的。

在天下之人声讨董卓的同时，朝中许多官员更是对董卓深恶痛绝，欲杀之而后快。越骑校尉伍孚对董卓的倒行逆施十分痛恨，发誓要亲手杀死董卓。一天，伍孚身藏佩刀，前来拜见董卓。交谈完毕后，伍孚便告辞离去。董卓起身出门相送，用手轻轻拍着伍孚的后背，表现出极其亲切的样子。伍孚瞅准机会，猛地抽出佩刀向董卓刺去。由于杀人心切，用力过猛，并没刺中要害。董卓大惊，慌忙奋力反击，并急呼警卫出手相救，这才脱离危险。伍孚与警卫展开搏斗，由于寡不敌众，被乱剑刺死。

当时，天下老百姓为了表达对董卓的痛恨，到处传唱《千里草》的歌谣，希望他尽快死去。

初平三年四月，司徒王允、尚书仆射士孙瑞与董卓的亲信吕布共同密谋诛杀董卓。之前，王允先后与司隶校尉黄琬、尚书郑公业等人多次商议诛杀董卓的事情。初平三年春天，阴雨连绵长达两个多月，王允与士孙瑞、杨瓒借登台拜神为名，又一次秘密商量除掉董卓的事宜。士孙瑞说："自从去年年底以来，太阳不照，阴雨不断已达六十多天，我们应该让这种不利国家和老百姓的时期尽快结束。现在，时机大好，我们正可趁天下沸腾之际，主动采取措施，消灭罪魁祸首！"士孙瑞意在提醒王允可借天时地利人和之机除掉董卓。王允同意士孙瑞的意见，可是，考虑到董卓平时戒备森严，而且他本人勇武过人，如果不采取周密措施，恐怕不易得手。于是，王允便物色了董卓的亲信吕布作为内应。

吕布年轻勇猛，武艺超群，起初董卓对他深为喜爱和信任，收他为义子，并提拔他担任骑都尉。后来，董卓又迁吕布为中郎将，封他为都亭侯。董卓明白自己树敌太多，常常怀疑有人暗算他，于是，便把吕布当做自己的贴身侍卫。不管董卓走到哪里，吕布总是形影不离，负责保护董卓的生命安全。一次，吕布不小心得罪了董卓，董卓大怒，随手抽出手戟向吕布掷去，幸亏吕布眼疾手快，才得以幸免。当时，吕布并没直接顶撞董卓，而是立即向他谢罪道歉，董卓便不再追究，以后也根本没把这件事放在心上。可是，吕布却从此心怀愤恨。此外，董卓经常让吕布把守中阁，吕布因而得便与董卓的一名侍婢私通，恐怕事情败露，常常心不自安。当他私下听说司徒王允要谋算董卓的消息后，便主动前往，向王允等人揭发董卓的各种罪状。王允把诛杀董卓的计划告诉吕布，并要求他充当内应。起初，吕布不同意，他说："不管怎样，他和我之间有父子关系，要我作内应，恐怕不行吧！"王允开导说："你姓吕，他姓董，又不是骨肉亲情。况且董卓现在已是人人得而诛之的国贼，你难道还认他作父亲吗？他向你掷手戟的时候，把你当儿子看待吗？"在王允的劝诱下，吕布最终答应了。

一切准备就绪，正好赶上皇帝大病初愈，朝中文武大臣都集会于未央殿，恭贺天子龙体康复。吕布借此机会，事先安排同郡人骑都尉李肃等人带领十多名亲兵，换上卫士的装束隐蔽在宫殿侧门的两边。董卓刚到侧门，便遭到李肃等人的突袭。董卓大骇，慌忙向吕布呼救，吕布正襟危坐，

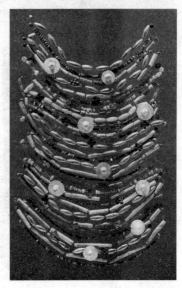

傀儡皇帝——汉献帝

57

大声道："我们是奉诏讨杀乱臣贼子，你死有余辜！"绝望中的董卓虽然奋力反抗，但已无济于事，当场被杀，并株连三族。

董卓被杀的当天，满朝文武和所有士兵都高呼万岁。长安老百姓高兴得在大街小巷载歌载舞，共同庆祝奸贼被诛。据说董卓死后，被暴尸东市，守尸吏把点燃的捻子插入董卓的肚脐眼中，点起天灯。因为董卓肥胖脂厚，"光明达曙，如是积日"。

四、李催、郭汜之乱

初平三年四月，董卓被王允、吕布伏杀，随后牛辅也被杀，李催等人归来时无所依托，本欲解散部队逃归家乡，又怕仍得不到赦免，武威人贾诩当时在李催军中任职，贾诩对李催说："听长安人议论说欲诛尽凉州人，各位如果弃军单行，则一个小小的亭长就能抓住你们了。不如率军西进，攻打长安，为董卓报仇。事情如果成功了，则奉国家以正天下；如果不成功，再走也不迟。"

李催等人采纳了贾诩的建议，到处说："朝廷不赦免我们，我们应当拼死作战。如果攻克长安，则得天下了；攻不下，则抢夺三辅的妇女财物，西归故乡，还可以保命。"部下纷纷响应，于是同郭汜、张济等人结盟，率军几千人，日夜兼程，攻向长安。

王允听说后，派董卓旧部将领胡轸、徐荣在新丰迎击李催。徐荣战死，胡轸率部投降。李催沿途收集部队，到达长安时已有十余万人。五月，李催等人又与董卓的旧部樊稠、李蒙、王方等人会合，一起围攻长安，八日后城陷，与吕布展开巷战，吕布败走，王允等人遇害。李催等人纵兵劫掠，百姓、官员死伤不计其数。李催等人占领长安，挟持汉献帝。威逼献帝封李催为扬武将军，郭汜为扬烈将军，樊稠等人皆为中郎将。此时，汉少帝（弘农王）刘辩的妃子唐姬自从少帝被李儒毒杀后回到娘家颍川居住，李催攻破长安后派兵掳掠关东地区，掳获唐姬，李催欲娶唐姬为妻，唐姬坚决不答应，也始终没说出她是少帝妻子的事，后来尚书贾诩知道了此事，告诉了汉献帝，献帝十分伤感，下诏接回唐姬，让她住在少帝的园中，派侍中持节封唐姬为弘农王妃，自此，唐姬终生未再嫁。八月，诏太傅马日磾、太仆赵岐杖节镇抚关东。

同年九月，又赐封李催为车骑将军、开府，领司隶校尉、假节、池阳侯，郭汜为后将军、美阳侯，樊稠为右将军、万年侯。张济被封为镇东将军、平阳侯，外出屯驻在弘农（今河南灵宝县）。以贾诩为尚书。李催举博士李儒为侍中，献帝诏曰："儒前为弘农王郎中令，迫杀我兄，诚宜加罪。"辞曰："董卓所为，非儒本意，不可罚无辜也。"李傕、郭汜、樊稠三人共同把持朝政，随自己喜好任免官员，又常纵兵劫掠，几年内三辅百姓损失殆尽。汉代司隶校尉负责监察京师百官和三辅（京兆尹，左冯翊，右扶风）、三河（河东，河内，河南）及弘农七郡的官员。初置时能持节，表示受君令之托，有权劾奏公卿贵戚，起到和刺史相同的作用，但比刺史地位高。朝会时和尚书令、御史中丞一起都有专席，当时有"三独坐"之称。东汉时司隶校尉常常劾奏三公等尊官，故为百僚所畏惮。司隶校尉对京师地区的督察也有所加强，京师七郡称为司隶部，成为十三州之一。司隶校尉成为政权中枢里举足轻重的角色，所以董卓称之为"雄职"。曹操在夺取大权后，也领司隶校尉以自重。李傕领司隶校尉则可以完全控制朝政，假节杀犯军令者。

同年十二月，曹操派使者进贡，并写信向李傕等人献殷勤，李傕等人认为曹操虽然表面上派使者进贡，但并不是真心诚意的，准备扣留曹操的使者，这时黄门侍郎钟繇加以劝阻，说只有曹操心系王室，于是李傕等人对曹操使者厚加赏赐。

兴平元年（194年），屯于郿城的征西将军马腾有私事求于李傕，没有得到应允，于是率兵相攻。汉献帝派使者劝解，没有成功。随后屯于金城的镇西将军韩遂率兵前来劝解，继而与马腾联合。朝臣种邵、马宇、刘范（刘焉之子）暗中与马腾联系，欲使马腾袭击长安，愿为内应，以诛杀李傕等人。于是马腾、韩遂屯兵长平观。后来种邵等人事情败露，逃奔至槐里。李傕派郭汜、樊稠以及侄子李利与马腾、韩遂大战于长平观下。马腾、韩遂大败，被斩杀一万多人，二人退回凉州。樊稠等人随后追击，韩遂派人要求和樊稠对话，因为两人是同乡，于是韩遂和樊稠单独在一起交谈，十分亲密，谈笑了很久。李傕又令樊稠及侄子李利带几万人围攻槐里，种邵、刘范等人皆被杀死。李利返回长安后告诉李傕说："樊稠和韩遂单独在一起笑谈，不知道交谈的内容，样子十分亲密。"于是李傕与樊稠开

中国古代昏庸帝王

60

始互相猜疑。但李傕还是让樊稠以及郭汜开府，与三公合为六府，皆参与选拔官员。这时长安城内盗贼猖獗，白天都出来掳掠，于是李傕、郭汜、樊稠三人分兵守在城内，各守其界，但还是不能控制。后来，朝廷下诏赦免马腾等人。四月，以马腾为安狄将军、韩遂为安降将军。

据《后汉书》记载，献帝在长安时，办过一件很值得称道的事。当时的长安，经连年动乱、饥荒，谷一斛卖到50万钱，长安城中人相食。献帝令侍御史侯汶开仓济民，用米豆为饥民做糜粥，但饿死者并没有减少。献帝怀疑所发米豆不实，亲自在御前量试做糜，证实发放中确有克扣现象，于是下诏杖责侯汶，并责问京官们为何米豆发下去仍有如此多的人死亡？从此以后，米豆得以如实发放，使饥民们切实受到赈济。这是公元194年的事，那一年他才14岁。

兴平二年（195年），李傕等人相互争权夺利，矛盾越来越激化。二月，樊稠欲带兵向东出关，向李傕索要更多的士兵，李傕顾忌樊稠勇而得人心，又因为当初樊稠私自放走了韩遂。于是让樊稠过来参加会议，让外甥骑都尉胡封在会议上刺死了樊稠，兼并了樊稠的部队，如此一来诸将之间更加相互猜忌。李傕经常在自己家设酒宴请郭汜，有时还留郭汜在自己家住宿。郭汜的妻子害怕李傕送婢妾给郭汜而夺己之爱，就想挑拨他们的关系。

一次李傕送酒菜给郭汜，郭汜妻子把菜中的豆豉说成是毒药，郭汜食用前郭妻把豆豉挑出来给郭汜看，并说了李傕很多坏话，使郭汜起了疑心。过几天李傕再宴请郭汜，把郭汜灌得大醉，郭汜怀疑李傕想毒害他，赶紧喝粪汁催吐解酒。于是二人率兵相攻，交战连月，死者数以万计。李傕请贾诩为宣义将军，来帮助自己。汉献帝派人劝解，没有成功。

傀儡皇帝——汉献帝

同年三月，安西将军杨定害怕李傕谋害自己，就与郭汜合谋劫持汉献帝到自己的营中，但计划被人泄露给了李傕。李傕派他哥哥的儿子李暹率数千人围住宫门，胁迫献帝出宫。太尉杨彪出去对李暹说："自古帝王没听说有徙居臣家的，你们怎么能如此？"

李暹蛮横地说："我家将军，大计已定，深恐郭汜入宫为逆，故派我前来迎驾，暂避一时，君敢来相阻，莫非与郭汜通谋不成？"

杨彪无法再与他理论，只好回去禀报献帝。献帝无奈，在李傕的威逼下，被载回大营。宫中妃妾财物以及御库中的金银珠宝，也都被李傕洗劫一空，用车载回大营。他还放火烧宫殿、官府、民宅。堂堂天子被劫入军阀大营，如同傀儡，任人摆布。

李傕对汉献帝多有怠慢，汉献帝敢怒不敢言，晋升李傕为大司马，位在三公之上。

同年六月，李傕部将杨奉与军吏宋果欲除掉李傕，事情败露，杨奉引兵叛逃，于是李傕的势力稍稍衰弱。不久，张济带兵从弘农赶到劝和，欲接汉献帝到弘农，献帝也派使者来劝说，李傕、郭汜二人准备议和，想各自交换儿子作人质，但李傕的妻子十分爱护自己的儿子李式，不愿交换，和计未定。后李傕答应各自交换女儿作人质，双方和解。

同年七月，汉献帝出长安东归，李傕引兵出屯池阳，张济、郭汜以及原董卓部下杨定、董承皆随天子车驾东归，汉献帝以张济为骠骑将军，开府如三公；郭汜为车骑将军，杨定为后将军，皆封列侯。又以董承为安集将军，沿途诸将屡有争执。

这场危机刚刚过去，新的灾难又降临到献帝头上。李傕、郭汜后悔让献帝东去，又联合起来追赶。杨定见大势不好，单骑逃亡荆州；张济又与李傕、郭汜联合，一同追赶献帝。献帝在杨奉、董承得知张济要劫驾的消息后，连夜奔往弘农，半夜时分，李傕、郭汜、张济赶到，双方大战一场，死伤无数，就连御物国宝也都丢尽，献帝由董承保护，才得以逃脱。献帝逃入曹阳，已经夜幕低垂，无处住宿，只好露宿一夜。天亮了，杨奉、董承保护献帝逃走，后面追兵又到，将领们劝献帝上马速行，献帝不肯丢下百官自逃，这样且战且走，许多大臣被杀，军士也所剩无几。战到天黑，来到河边，太尉杨彪等人主张连夜过河，好不容易找到一条大船，众人拥着献帝，伏皇后的父亲伏完，一手扶着皇后，一手拿着一匹绢。来到河边上，天寒水冷，无法下去，伏完打开绢裹住献帝身子，由众人抬到船上，伏皇后是由父亲伏完背过去的。船小人多，人人争上，被挤落水者，和被船上人打落水者，不计其数。天明，才到彼岸，来到大阳，等李傕知道后，已追赶不及。董承、杨奉只为献帝在民间找到一辆牛车，其余随行人员只得步行，来到安邑。河内太守张杨、河东太守王邑，前来见驾，并供应吃穿。献帝封张杨为安国将军，王邑为列侯，逃难路上，来不及刻印，就刻在石上画成字以代印玺。献帝和伏后就住在荆棘篱中，无门可关，群臣议事，以茅舍为朝堂。落难中的帝王的狼狈相，十分凄惨。

在定都安邑还是回洛阳的问题上，董承与杨奉发生矛盾，董承主张回洛阳，杨奉主张定都安邑。杨奉派遣军队袭击董承，董承逃往野王，投奔张杨。张杨决意调兵迎驾，先派董承去洛阳，修筑宫室。建安元年(196年)秋七月，汉献帝回到洛阳，因宫殿尚未修成，暂住在故中常侍赵忠的宅第里。八月，迁居南宫杨安殿。张杨仍回野王，杨奉出屯梁地，董承、韩暹宿卫宫禁。

一年多来，汉献帝饱受颠沛流离之苦，经过太多风霜雨雪，受过太多惊吓和窝囊气，回到洛阳怎能不使他高兴？他开始封赏有功之臣，张杨为大司马、兼安国将军，杨奉为车骑将军。可是，好端端的一个洛阳皇宫，已被董卓烧为平地，满目是凄惨的残砖破瓦，到处是荒凉的荆棘萝蔓，百官无处安身，在破壁颓垣中暂时栖身，没有粮吃，自尚书以下的官员，都亲自出城去采野谷，有的饿死于墙壁之间，有的为士兵所杀。

建安元年（196年）七月，汉献帝回到洛阳，董承暗招兖州牧曹操，曹操率军过来迎接天子。曹操以洛阳残荒为由，让汉献帝移到许都居住。建安二年（197年），左将军刘备诱杀杨奉。张济因军中缺粮，出兵到南阳掠夺，攻打穰城，战死。郭汜被自己的部将伍习杀死。建安三年（198年）四月，曹操派谒者仆射裴茂下诏召集关中诸将段煨等人征讨李傕，灭其三族。李傕的首级被送往许都，高悬示众。

傀儡皇帝——汉献帝

五、曹操"挟天子以令诸侯"

（一）曹操夺权

汉献帝虽然是个摆设，但毕竟是最高权力的象征。谁把皇帝抢到手，谁就有政治上发号施令的主动权。早在汉献帝逃往河东的时候，袁绍手下的谋士沮授就向袁绍献计说："应当趁我们开始在冀州站稳脚跟的时候，到西南去迎接献帝，把他迁到邺城来。这样我们就可以挟天子以令诸侯，蓄士马以讨叛逆，谁能抵挡得了呢！"但是袁绍没有接受沮授的主张。与此同时，曹操的重要谋士荀彧也向曹操提出这样的建议："现在皇帝东流西徙，人们担心帝室的命运，如能在这时迎奉献帝，正符合人们的愿望。用忠于帝室的行动来压制各据一方的雄杰，是一个很重要的策略。应该当机立断，及早行动。"曹操接受了荀彧的建议，刚好献帝也派董承邀曹操灭李傕、郭汜。曹操立即派曹洪领兵西迎献帝。

对于"挟天子以令诸侯"，历来都认为是曹操的得意之作，但如果认真分析三国时期的形势，似乎也不尽然。在曹操"挟天子以令诸侯"的 24 年间，无论是张绣、吕布、袁术、袁绍、刘表、公孙瓒，还是刘备、孙策、孙权，没有一个诸侯肯听从曹操的号令。由此可见，曹操空有挟天子之名，而无号令天下之实。

袁绍进攻曹操时，曾令陈琳代写了一篇讨伐曹操的檄文，文中说曹操"豺狼野心，潜包祸谋，乃欲摧挠栋梁，孤弱汉室，除灭忠正，专为枭雄"，连曹操听了，都吓出了一身冷汗，头疼病竟减轻了许多。

可见当时曹操"挟天子以令诸侯"的行为得到了诸侯的强烈抵制。曹操不但没有从中得到好处，还背上了"托名汉相，实为汉贼"的骂名。而且，不仅当时的人都这么骂他，后世近两千年间，曹操也一直是以"奸贼"或者说是"奸雄"的面目出现在历史上的。

曹操想挟持汉献帝号令天下，怎奈诸侯不听；想将汉献帝抛弃，又担心自己"匡扶汉室"的招牌毁于一旦，从而招来万世骂名；想取而代之，又怕引起更强烈的反对，成为天下公敌……所以，汉献帝实际上成了曹操食之无味、弃之可惜的一根鸡肋。

曹操进京后，在朝廷当权的人物中，以杨奉的兵马较强，率军守梁县（今河南临汝）。董承、韩暹留在京师。他们之间虽表面上联合一体，实际上却勾心斗角，矛盾重重。曹操决定先利用杨奉，便通过早已和自己友好、这时在朝廷任议郎的董昭，给杨奉写信表示愿意与他合作辅佐王室。此时杨奉正感势孤力单，见信大喜，对诸将说："曹操在许昌，离我们很近，有兵有粮，应该依靠他。"于是，他和诸将一同上表，请献帝拜曹操为建德将军，又迁为镇东将军，袭父爵为费亭侯。

这时，韩暹矜功专恣，董承对他不满，又无力对付他，便在暗中召曹操进兵。曹操大喜，亲率大军赶到洛阳，朝见献帝。韩暹自料不敌曹操，逃出京城。献帝任命曹操为司隶校尉，录尚书事，参与朝政。尽管如此，曹操想要巩固自己在朝廷中的地位，真正能够"奉天子以令不臣"，还要费很大气力。有一次曹操问董昭："现在我到了洛阳，你看今后应该怎样做？"董昭回答说："将军兴义兵以诛暴乱，现在又入朝天子，辅佐王室，这是五霸之功。但是这里的将领们，各怀异心，未必服从。留在洛阳匡弼朝政，必有许多不便，最好的办法是将天子迁到许昌去。但是朝廷几次迁徙，现在刚还旧京，再移动恐怕会造成麻烦，愿将军权衡利弊，采取对策。"曹操认为迁都许昌确实是个好办法，但又担心受到掌握精兵、屯驻于梁县的杨奉的阻挠。对此，董昭说："杨奉势孤少援，愿意同将军合作。将军迁为镇东将军，袭费亭侯，就是杨奉起的作用，应该及时选派使者重重答谢他，把他稳住。我们可以对他说：'洛阳已残破不堪，没有粮食，想暂时把献帝接到鲁阳（今河南鲁山）去。鲁阳离许昌很近，粮食供应没有困难。'杨奉为人勇而无谋，必定不会多疑。"曹操按董昭的意见实行，杨奉果然信以为真。曹操便把献帝转移到了许昌，改年号为建安，以许昌为都城。献帝任曹操为大将军，封武平侯。于是，曹操总揽中央大权，朝廷国政先禀报曹操，然后方奏天子。从此，汉献帝就变成了曹操进行统一战争的

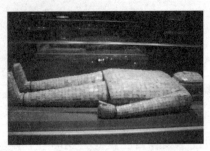

政治工具。曹操用汉献帝的名义，任命荀彧为侍中，守尚书事，任命程昱为尚书。以后曹操又任命荀彧的侄子荀攸也担任尚书职，军队出征时，担任谋士。

（二）衣带诏事件

汉献帝看到曹操横行霸道，没把自己放在眼里，就想把曹操除掉。一天，献帝哭着对伏皇后说："朕自即位以来，奸雄并起，先受董卓之殃，后遭李傕、郭汜之乱。常人未受之苦，吾与汝当之。后得曹操，以为社稷之臣；不意专国弄权，擅作威福。朕每见之，背若芒刺。今日在围场上，身迎呼贺，无礼已极！早晚必有异谋，吾夫妇不知死所也！"

伏皇后悲叹道："满朝公卿，俱食汉禄，竟无一人能救国解难？"此时，伏皇后之父伏完进言："帝后休忧，吾举车骑将军国舅董承可除国害。"随后献计："陛下可制衣一领，取玉带一条，密赐董承，早除曹操。"

献帝依计作一密诏，咬破指尖，以血书之，暗令伏皇后缝于玉带紫锦衬内，却自穿锦袍，自系此带，令内史宣董承入。献帝说："高祖起自泗上亭长，提三尺剑，纵横四海，三载亡秦，五年灭楚，遂有天下，立万世之基业。祖宗如此英雄，子孙却如此懦弱，岂不可叹！"随后又对董承说道："朕想卿西都长安救驾之功，未尝少忘，无可为赐，今将锦袍赠之。望卿当衣朕此袍，系朕此带，常如在朕左右也。"

董承谢恩归家，夜深人静，将锦袍反复察看，并无一物。董承暗思道："皇帝赐我袍带，命我细看，必非无意，今不见甚踪迹，不知为何？"遂又取玉带细看，反复寻之，仍无他物。正欲伏几而寝，忽然灯花落于带上，烧着背衬，隐见血迹。急取刀拆开视之，乃献帝血书密诏。写道："朕闻人伦之大，父子为先；尊卑之殊，君臣为重。近日操贼弄权，欺压君父；结连党伍，败坏朝纲；敕赏封罚，不由朕主。朕夙夜忧思，恐天下将危。卿乃国之大臣，朕之至戚，当念高帝创业之艰难，纠合忠义两全之烈士，殄灭奸党，复安社稷，祖宗幸甚！破指洒血，书诏付卿，再四慎之，勿负朕意！建安四年春三月诏。"

董承阅毕，涕泪纵横，夜不成眠。事后通过多种关系，联络四方忠义之士，欲除曹操。不料，事情败露，曹操派人直入董承卧房内，搜出衣带诏及义状。曹操看后，怒火中烧，冷笑道："鼠辈安敢如此！"遂命"将董承全家良贱，尽皆监禁，休教走脱一个"。曹操回府后，以诏状示众，急召众谋士商议，欲废献帝，更立新君。程昱进谏道："明公所以能威震四方，号令天下者，以奉汉帝名号故也。今诸侯未平，遽行废立之事，必起兵端。"曹操采纳程昱之议，只将董承等人及其全家老小押送各门处斩，被杀者共七百余人。

　　曹操杀了董承等人，怒气未消，遂带剑入宫，来杀董承之妹董贵妃。董贵妃为献帝所宠爱，已怀身孕数月。当日献帝正在后宫与伏皇后私议董承之事至今尚无音信。忽见曹操带剑入宫，面带怒容，献帝大惊失色。曹操怒斥道："董承谋反，陛下知否？"献帝嗫声说："董卓已诛矣。"曹操横眉怒斥："不是董卓，是董承！"献帝知道玉带诏的事已经暴露，只好说："董承是有罪，应当法办。"曹操得寸进尺，说："董承之妹在宫中，也应拿下。"说完喝令兵士擒拿董贵妃，一会儿董贵妃被抓了来。献帝哭着哀求曹操，说董贵妃已有身孕，望丞相见怜。伏皇后也请求先将董贵妃贬于冷宫，等她生了孩子再治罪。曹操不理帝后的请求，命卫士将董贵妃推出宫外处死。献帝毫无办法，眼看着董贵妃被活活勒死。此后，曹操进一步加强了对皇室的控制，汉献帝犹如笼中鸟，彻底失去了自由。

六、曹魏代汉

（一）伏皇后之死

建安十三年（208年），曹操废除"三公"，恢复汉初的丞相职位，他自己当了丞相，把朝中权利都集中到自己手里。又示意左右为他歌功颂德，提议为他晋爵国公。献帝无奈，只好封曹操为魏国公，兼加九锡。

就在曹操当上魏国公时，几年前发生的一件事情被人告发出来了。在董贵妃被曹操处死之后，伏皇后担心自己落得和董贵妃同样的下场，便给其父伏完写信，信中历数曹操罪恶，要伏完想法杀掉曹操。伏完收信后始终未敢行动，没想到在伏完死后的第五年，伏家的一个仆人将伏皇后给伏完的信交给了曹操。曹操看过信后，立即到宫中胁迫献帝废掉伏皇后。献帝不忍心，曹操就把早已拟好的诏书拿出要献帝盖玺。

诏书送到宫中，伏皇后不得不交出皇后的印玺。正当伏皇后欲离开皇宫时，曹操派华歆带着一群兵士杀气腾腾地进入宫来。伏皇后吓得钻进夹壁墙，华歆揪着她的头发把她拖到了殿外，正在殿外的献帝见此情景悲痛得泪如雨下。伏皇后连声呼喊献帝救命，献帝哭着说："我也不知会死在哪一天啊！"华歆不管这些，当即把伏皇后和两个孩子毒死，接着又将伏家满门抄斩。

伏皇后死后，曹操又胁迫献帝将自己的女儿曹贵人册封为皇后，献帝不敢不从。曹操把自己凌驾于献帝之上，但他并不废除献帝，不做将自己放在炉火上烤的蠢事，他想和周文王一样，把改朝换代的事留给自己的儿子去完成。

（二）曹魏代汉

延康元年（220年），曹操病死，曹丕当了魏王。汉献帝下诏封他为丞相。

亳州城里仿佛迎来了盛大的节日。刚刚继位为魏王的曹丕率军队回到家乡，在城东大飨六军及谯城的父老乡亲。乡亲们只要愿意去，即为座上客，大块吃肉，大碗喝酒，席间还设伎乐百戏，并立坛于故宅，建大飨堂，坛前树碑，碑题曰："大飨之碑"，此碑由钟繇篆额，曹植撰文，梁鹄书写，被当时的文人墨客称为"三绝碑"。曹丕手

擎金爵，一桌又一桌地为年高德劭的乡亲们敬酒，他说："各位父老可曾记得，四十五年前，一场强烈的尘暴席卷谯县大地，房屋被摧毁，树木被拔起，狂风旋着沙石直上青天，状似黄龙，在空中久久不散。大家都惊骇不已，太史令单却推断沛国以后会有帝王出现，黄龙就是帝王的征兆。不想，单大夫的预言今天果然印证了。这不光是我们曹氏父子的荣耀，更是咱谯城百姓的光荣啊。"全场顿时山呼万岁。

三个月后的许昌，汉献帝的宫殿里，一场内容相同、形式不一的活动也在进行。华歆等一班文武，入见献帝，华歆奏道："魏王自登位以来，德布四方，仁及万物，越古超今，虽唐虞不过如此。刚才群臣召开了会议，一致认为汉祚已终，望陛下效尧舜之道，以山川社稷禅于魏王。上合天心，下合民意，而陛下则可以安享清闲之福，祖宗幸甚。"献帝大惊失色，半晌无语，少顷痛哭道："朕想高祖提三尺剑，斩蛇起义，平秦灭楚，创造基业，世代相传，已经四百年了。我虽然无才，但也没有过失，更无罪恶，怎么忍心将祖宗之业等闲弃了？"王朗奏道："自古以来，有兴必有废，有盛必有衰，谁见过不亡之国，不败之家？汉室相传四百年，延到陛下这一代，气数已尽，应该及早退避，迟了就会发生变故。"在此形势下，献帝不禁放声大哭。出门观看，阶下披甲持戈者数百人，皆是魏兵，汉献帝自思：与其让别人推翻，不如主动让出皇位，保住性命。于是哭着对群臣说："我愿意将天下禅让给魏王，幸留残喘，以终天年。"于是颁发一道诏书，禅位于曹丕。

汉献帝连下三道诏书，说："我在位多年，没有什么功德。现在天意民心

都向着曹氏，我情愿把皇位让给魏王。"曹丕怕别人说他是篡位，仍故意推辞。大臣们猜透了他的心事，就想了个办法，让献帝造了个授禅台，选了个黄道吉日，举行隆重的禅让仪式，这样曹丕也就不再推辞了。在大臣们的欢呼声中，汉献帝体面地下了台，曹丕兴高采烈地登基做了皇帝。

曹丕称帝后，封退位的献帝刘协为山阳公，曹皇后为山阳公夫人，勒令搬出宫去，但仍然可以用汉天子礼乐，保留汉朝祭祀以及庙号等特权，算是另眼看待了。另外还给了献帝一块封地，作为养老之用。14年之后，即魏青龙二年(234年)，献帝去世，终年54岁。魏明帝曹叡以汉天子礼仪将其葬于禅陵，谥号为献皇帝。

去礼远众——隋炀帝

　　隋炀帝杨广是隋朝的第二代皇帝。他是历史上有名的好色荒淫、究奢极欲的亡王之君。杨广年少时英俊聪慧，文武兼备。在他当政初期，也曾颇有政治抱负。可他很快便不思进取，利令智昏，同时施暴于民，滥杀无辜；还好大喜功、穷兵黩武，给人民带来了巨大的灾难和痛苦，社会经济也遭到了巨大破坏，人民不得不揭竿而起。最后杨广不仅断送了自己的大好江山，而且落得众叛亲离被臣下勒死的可悲下场。

一、少年时光

隋炀帝杨广（569—618）是中国隋朝的第二代皇帝，公元604年—618年在位，年号"大业"，统治中国14年。杨广是一个亡国之君，"炀帝"乃他死后唐朝给他的谥号。按《谥法》规定："好内远礼曰炀；去礼远众曰炀；逆天虐民曰炀。"因此杨广是历史上有名的好色荒淫、穷奢极欲的暴君，这是不争的事实。但是纵观他的一生，也并不是一无是处。杨广年少时也是英俊聪慧，文武兼备。曾率军饮马长江，灭掉陈朝统一中国。在他当政初期，也曾颇有政治抱负，开凿运河，创建科举；北拒突厥，西拓西域；隋朝经济得到了快速发展。可是中国封建制度赋予皇帝绝对的权威和不受监控的为所欲为的权力，使隋炀帝登上皇帝宝座不久，便不思进取，利令智昏，无所顾忌地放纵自己的欲望。天天过着骄奢淫逸、声色犬马的生活；同时施暴于民，滥杀无辜；还好大喜功、穷兵黩武，给人民带来了巨大的灾难和痛苦，社会经济也遭到了巨大破坏，人民不得不揭竿而起。最后杨广不仅断送了自己的大好江山，而且落得众叛亲离被臣下勒死的可悲下场。

（一）显赫家世　年幼居藩

公元569年，一名叫阿摩的婴儿呱呱坠地，他就是对后世影响深远的隋炀帝杨广。他出生的时候正是中国经历了长期分裂战乱的南北朝后期。当时，神州大地并列着三个王朝：北周、北齐和陈。而隋炀帝就出身于北周贵族武将之家，父亲杨坚是北周大将军、隋国公，母亲独孤氏，是北周柱国大将军独孤信的女儿，也是武将之后，名门闺秀。这个婴儿是他们的第二个儿子。儿子出生后，父母欢天喜地，他们给儿子取名杨广。可以说杨广出身名门世家，这为他以后君临天下奠定了一定的基础。杨广自小就长得漂亮、可爱，而且聪明伶俐，因此父母又给他另取一

名——杨英，大概因为其仪表英俊吧。

当杨坚还是北周大臣的时候，杨广就因父功被封为雁门郡公。公元581年，雄才大略的杨坚代周称帝，建立隋朝。杨广于同年被封为晋王，并担任并州（治山西太原）总管，这时杨广才13岁。次年，隋置河北道行台尚书省于并州，又任武卫大将军、上柱国、河北道行台、尚书令。可以说在别人还是青春年少、无忧无虑的时候，杨广就身负起政治的重担。他在获得权力和富贵的同时，亦失去了少年的快乐与天真。这就是生活在皇家的幸与不幸。

一个13岁的少年，担任如此重大的责任，主要是因为隋文帝杨坚吸取了北周孤弱而亡的教训，使诸子各掌一方，以巩固杨家的统治。文帝也是深怕皇子年少担任不了如此重任，对杨广也不放心，便选择了朝中有威望的大臣王韶、李彻、李雄等来辅佐他。王韶等人也没有辜负文帝的委托，他们照顾杨广的生活，还对其进行教育，而且经常对杨广直言相谏，这对杨广以后的成长是有好处的。有一次，王韶出巡长城，杨广在并州"凿湖造山"。王韶回来以后，立即"自锁而谏"，使杨广停止了这个工程。

杨广本人也不像一般的纨绔子弟，门第世家固然为他提供了奢侈豪华的优越条件，但隋朝时代的政治风云，杨家先代的文治武功，将门之子所受到的各种熏陶，塑造了他矛盾多面的秉性：既有专擅威福、纵情声色的欲望，又有矫情造作、希望人称道其贤明的虚荣心；既有一个花花公子的低级趣味，又有军事统帅的风度和文武才干。这两种秉性一直并存着，而在他称帝独尊之前，前者还处在自我抑制的阶段。

杨广十分好学，擅长写文章，性格沉稳，朝野属望。隋文帝曾暗中令善相面之人来面相五个儿子，来人经过仔细观察，对隋文帝说："晋王（杨广）眉上双骨隆起，贵不可言。"同时由于政治斗争环境的残酷性，杨广从小也是工于心计。不久，隋文帝又亲自到杨广府第视察。杨广深知父皇讨厌声色，他故意弄断乐器的弦，乐器上的灰尘也不加擦拭，隋文帝看了十分高兴，以为这位爱子远离声色，因此比以前更加喜欢杨广。还有一次行猎遇雨，左右随从送上油衣，他说："士卒都被雨淋湿了，我怎么能自个儿穿油衣呢?"命左右拿走。远离声色和拒穿油衣皆是自我控制之表现，此乃为一国之君的必要条件。这两件事本是值得人们称颂的，但是杨广之所以如此做，并非是发自真心的，而是沽名钓誉之举，故一旦跃居帝位，立即懈怠纵欲。

杨广受封晋王坐镇并州，主要任务是防御塞外的大敌突厥。早在隋朝崛起之前，雄踞漠北西域的突厥汗国已经是亚洲大陆的霸主，隋朝建立之后，击败和削弱突厥是当时面临的最大的政治军事问题。

突厥本是我国西部的一个少数民族，姓阿史那氏，居住在金山（阿尔泰山）南麓。6世纪中叶，土门酋长时期开始强盛起来，称伊利可汗，摆脱了柔然的束缚，建立了东至辽海、西达西海、南至大漠、北到北海（今贝加尔湖）的突厥汗国。北周、北齐年年都要忍辱向突厥送财物。隋文帝建立隋朝以后，不再给突厥财物，对突厥采用"远交近攻"的方法。开皇三年（583年），隋文帝派重兵分八道出击突厥，大胜而归。而杨广此时也多向文帝献计献策，显示了一定的军事领导才能。由于隋朝的打击和突厥内部的斗争不断，突厥分裂为东西两部。开皇四年（584年）东突厥首领沙钵略走投无路，被迫向隋奉表投降，东突厥成为隋朝的依附。北境的和平使隋文帝可以腾出手来部署兵力，扫灭南边的陈朝，中国统一的时机终于到来。

晋王杨广因尚年幼，在这一段时间的对突厥反击战中没有起太大作用，但晋王府的许多将领多次参加了反击作战。杨广在北境的边塞所经历的战争岁月，为以后的统兵伐陈积累了相当的经验和资历。

（二） 饮马长江　伐陈有功

隋朝建立以后，并没有完全统一中国，在长江以南依然存在着腐败的陈朝。但是由于即位之初，政权建设和经济恢复尚需时日，再加上北边突厥的严重威胁，因此隋文帝虽有南下平陈之念，但碍于上述因素，迟迟未有行动。但统一是大势所趋，是历史的必然，随着在北方对突厥的决定性胜利，统一已经变成迫在眉睫的议题了。

在隋朝正加紧军事准备的同时，陈朝正整天处于一片歌舞升平之中。当时的陈后主更是昏庸无能、不理朝政，整天和后宫女人厮混在一起。唐代诗人杜牧写了脍炙人口的《泊秦淮》诗："烟笼寒水月笼沙，夜泊秦淮近酒家；商女不知亡国恨，隔江犹唱后庭花。"诗中所感所述的就是这个昏君，《玉树后庭花》正是这个亡国之君与其嫔妃所做。陈朝江山也就断送在这靡靡之音当中。

一切准备就绪以后，开皇八年（588年），隋文帝在寿春（今安徽寿县）设置淮南行台省，任命晋王为行台尚书令，总领伐陈事宜，为伐陈统帅。隋朝君臣于太庙祭告天地祖宗，请求保佑胜利，又宣布赦免陈境内死囚，允许他们报效隋军，灭陈战役正式开始。隋文帝命杨广从六合（今江苏六合）出兵，杨俊从襄阳（今湖北襄樊）出兵，蕲州刺史王世积从蕲春（今湖北蕲春）出兵，庐州总管韩擒虎从庐江（今安徽庐江）出兵，吴川总管贺若弼从广陵（今江苏扬州）出兵。共有总管九十人，军兵五十一万余人，一律受晋王指挥。

平陈统帅杨广，时年不过20岁，已是一位英俊威武的青年了。兄长杨勇作为皇太子，乃天下之本，坐镇京师协助父皇主政，灭陈大业自然落到老二杨广的肩上，这给了他在历史舞台上崭露头角的极好机会。奉命南征，杨广在获得北御突厥的虚名之后，又肩负起南平陈朝的重担，这对渴望建功立业的青年杨广来说，无疑是天赐良机。

晋王受此重任，统帅平陈的五十多万大军，浩浩荡荡，沿长江而下，一起出击，不费吹灰之力便将陈朝打败。可怜的陈后主只顾自己享乐，最后和他的两位美人在井中被活捉。国破家亡，异常凄惨。灭陈之战，晋王杨广虽为统帅，但在很大程度上是坐享其成的，因为大的战略部署完全是由文帝制定的，实际指挥部署的是高颎，亲帅三军冲锋陷阵、攻破陈都建康的是贺若弼、韩擒虎，沿江东下扫除残余势力的是杨素。但杨广毕竟是最高统帅，指挥之功自然功不可没。进建康以后，杨广将围绕在陈后主身边的奸佞小臣全部杀掉——中书舍人施文庆接受委任而不忠诚，反而巧言谄媚，蒙蔽了君主的耳目；中书舍人沈客卿监管金帛局，重税聚敛，搜刮民财来取悦君主；太市令阳慧朗、刑法监徐析、尚书都令史暨慧景都是祸国殃民的奸臣，在石阙下将他们五人一同斩首，来向三吴的民众谢罪。杨广派高颎和元帅府记室裴矩搜集图书古籍，封闭库府，江南的资财丝毫不取，天下的人都称赞杨广，认为他很贤明。杨广的这些行为是得体的，也显示了自己的胸襟，就是以天下为己任。

在平陈的战争中，也暴露了杨广的权力欲望和声色之欲。平陈大将贺若弼在灭陈战役中功勋卓著，他以智谋侵袭陈朝的江防力量，多次佯攻，使南朝处于长期紧张状态。屡次佯攻之后，陈朝军队放松警惕，隋朝军队乘机渡过长江，突破了陈朝依靠的长江天堑防线，然后率军乘机直取建康，获得决定性胜利。这本应是受到嘉奖之举，但是由于没有得到杨广的批准，引起杨广的极大不满，觉得是对其统帅地位的漠视，便以"违反军令，先期决战"之名，将贺若弼逮捕交给主管官员。但文帝知道此事后，立即将贺若弼开释，并给予丰厚的奖励。文帝下诏告诫杨广说："平定江表，贺若弼与韩擒虎之力也。"贺若弼事件说明杨广的淫威与专断以及他对功臣的猜忌与寡恩。陈后主有个漂亮的妃子，名叫张丽华，原是兵家的女儿。张贵妃的秀发长七尺，乌黑发亮可以照人，她的性情灵敏聪慧，一双秀目光彩四溢，因此深得陈后主的宠爱。杨广早就听说张丽华的美貌，一心要在灭陈后得到她。灭陈时，高颎先进入了建康城，他的儿子高德弘做晋王杨广的手下。杨广派高德弘急速赶到高颎那里，传令留下张丽华。高颎说："从前姜太公蒙面斩了商纣王的宠妃妲己，现在岂可留下张丽华！"于是斩了张丽华。高德弘回来报告，杨广立即变了脸色，但仍然假装感谢高颎的样子说："古人说'无德不报'，我一定会有办法报答高公的！"从此以后怨恨高颎，在他登上皇位以后不久，便将高氏全家诛杀。

晋王杨广在平陈凯旋受赏之后，出镇并州，重新肩负起监视和抵御北边突厥的重任。陈全境两三个月即全部归于隋朝。然而，要控制江南绝非是夺取一城一地就能办到的。由于近四百年的南北分裂，南北政治与文化差异较大，巩固统一局面也非轻而易举之事。如何施恩感化旧陈民众，清其策反之心，调和南北世人的感情，以促进文化合流，巩固统一局面，则比简单的军事征服更加复杂。由于一些措施不当，终于激起南人的不满，开皇十年（590 年），

一场规模巨大的反隋叛乱在陈境内全面爆发。参加叛乱的有江南社会的各个阶层，一时声势巨大，局面混乱不堪。隋文帝一面派越国公杨素调集府兵前往江南镇压，另一方面，又调并州总管晋王杨广为扬州总管，移镇江都。22岁的杨广又一次临危受命来到南方。与杨素的血腥镇压不同，晋王杨广更注重招抚，剿抚并重，攻心为上。江南叛乱很快就被平息下去。杨广从开皇十年（590年）出任扬州总管，镇守江都，到开皇十九年（599年）由江都离任入朝，坐镇江都整整十年。在这十年里，他开始广泛接触江南人士，推行文教事业，调和南北差异，同时还加强对宗教的保护利用，在江南设立四道场，这些措施对于促进南北文化的交流和国家的统一是有益的。

（三）恃宠夺宗　逼宫即位

杨广在凯歌中长大成人，胜利和成功激发了他的勃勃野心。他开始不满足于做一个小小的藩王，眼睛开始瞄上了最高的皇权。隋文帝共有五个儿子，长子杨勇，次子杨广，三子杨俊，四子杨秀，五子杨谅。隋文帝按封建社会的礼制规定，立长子杨勇为皇太子，成为法定皇位继承人。身为次子的杨广是没有资格继承皇位的。杨广知道这是一场不在同一起跑线的斗争，要想获胜，权谋的运用是至关重要的。

杨广明白，要想争得太子的地位，一是要讨得自己父母的欢心，二是要笼络自己的党羽势力。按照这两个策略，他和隋文帝、杨勇演出了一幕幕惊险残酷的篡夺皇权的历史剧。

杨广既有皇家血统，又有南征北战的威望，已具有相当雄厚的实力。但想要夺得皇太子之位不仅需要实力，还需要抓住机会。这种历史机遇也正呈现在杨广眼前，这就是哥哥杨勇的不堪为嗣，给杨广留下了可供钻营的空隙。当杨广在费尽心机不择手段地算计哥哥杨勇之时，太子杨勇不但没有丝毫的警觉和戒备，反而纵情声色，授人以柄。杨勇自以为居于嫡长，皇太子地位已经巩固，因而从不虚情假意地讨父母欢心，压根也没有注意弟弟的夺嫡阴谋，而是越来越放荡，骄奢淫逸，丝毫不节制自己的私欲。

　　杨勇明知道自己母亲独孤皇后不喜欢男子宠爱姬妾，却明目张胆地欢好女色，把父母给他娶的嫡妻元氏冷落一旁，与其他的姬妾吃喝玩乐。他曾对比自己年长几岁的叔父杨爽说："阿娘不给我好妇，真可恨！"甚至指着皇后的侍女当面对杨爽说："这都是我的女人。"使独孤皇后极为不满。隋文帝是一个十分节俭的皇帝，可杨勇偏偏喜欢奢华铺张，隋文帝十分不喜欢。冬至那天，杨勇大张旗鼓地接受百官的朝贺，隋文帝生怕大臣和皇太子走得太近，影响自己的皇权，这又触犯他的忌讳，父子之间也渐生隔阂。杨勇的肆意妄为，动摇了自己皇太子的地位，隋文帝和独孤皇后都有意取消他继承皇位的资格。

　　杨广为讨父母欢心，则是刻意掩饰自己的欲望。为了迎合独孤皇后，他只和王妃萧氏居住，每当他和其他的女人生了孩子以后，就把婴儿杀掉。杨广在任扬州总管时，趁入宫辞别独孤皇后的机会，故意跪在母亲面前痛哭流涕说皇太子要加害他，这如同火上浇油，促使独孤皇后决计废除太子。父母每次派人来，杨广都亲自和王妃到门口迎接，并用丰盛的酒宴招待，临走时再送上礼物。这些人得了好处，自然会在隋文帝和独孤皇后面前称赞杨广。有时隋文帝和独孤皇后去杨广那里，他便把年轻貌美的姬妾藏起来，让年老丑陋的人穿上粗劣衣服服侍隋文帝和独孤皇后，隋文帝夫妇见杨广节俭而又不好声色，就更加宠爱他了。

　　同时杨广还积极组建自己的党羽集团，其中以张衡、宇文述为骨干力量。杨广深知中枢权力圈的大臣对文帝政治取向颇具影响，是夺嫡的重要环节，于是又卑辞厚礼，结交朝中大臣。当时杨素是隋朝著名大将，深受隋文帝宠幸，可谓权倾朝野。因此要取得夺太子位的成功，必须要拉杨素入伙。杨素虽说位极人臣，但是他与晋王杨广却缺乏交情，与皇太子杨勇也没有交恶，要使老谋深算的杨素成为杨广的同党，也非易事。宇文述说他与杨素的弟弟杨约交情不浅，就请杨广派他去京师先拉拢杨约。杨约是杨素异母弟，此人性格沉静，并且狡诈，深得哥哥的信任，杨素办什么事都是先与其商议，然后才办。宇文述找到杨约，整天与其吃喝玩乐，并且故意将金钱输给他，趁机将杨广的意思告诉他，并危言耸听地说："你们兄弟得罪了皇太子，皇帝一死，你家就要大祸临头了。如今皇太子失宠，主上有废立之意，请立晋王杨广为太子，就看你哥哥一句话了。"利害关系已点明，权力斗争的老手杨素自然明白，于是积极参与杨广夺嫡活动。

在后宫的一次宴会上，杨素巧妙地试探独孤皇后的意思，对她说："晋王仁孝恭顺，很像当今圣上。"一句话触到独孤皇后的痛处，对杨素说了一大通杨广的好处和杨勇的不是。两人一拍即合，独孤皇后便把杨素引为知己，赐给他金银财宝，让他作为废立太子的费用。由于得到独孤皇后的支持，杨素更是有恃无恐，走上了前台，充当了废立的主角。

隋文帝也有废立太子的意思，只是碍于朝中大臣，难于启齿。有一次，他曾暗示尚书左仆射、齐国公高颎，高颎马上提出反对，隋文帝很不高兴。又有一次，隋文帝命选东宫卫士宿卫自己，高颎又加以反对。隋文帝认为这是因为高颎与太子是翁婿关系，庇护太子。随着积怨愈深，高颎被削职为民。杨勇在朝中失去了强有力的支持者，就更加势单力薄。

杨素这时担任的是穿针引线的角色，一方面在隋文帝夫妇面前赞颂杨广，攻击杨勇；另一方面在朝中大肆活动，广造舆论，煽动更多的人诽谤太子。于是有关太子的流言飞语接二连三传到隋文帝那里。杨素又进谗言说："太子心

怀怨恨，恐他有变，应严加防守。"于是隋文帝派人刺探太子的情况，又裁减东宫卫士，去健壮，留老弱，东宫属官有才能的也被分别调开。

终于杨勇被废为庶人，杨广如愿以偿，被立为皇太子，取得了皇位的继承权。杨广坐上太子的宝座以后，又命杨素捏造罪名，将自己的弟弟蜀王杨秀废为庶人。杨勇屡次请求见隋文帝申冤，都被杨广阻止，这样，杨广便稳坐东宫，静等隋文帝死后当皇帝。

仁寿四年（604年），隋文帝卧病仁寿宫不起，形势十分严重。杨广虽说已立为太子，可是处处还得看皇帝眼色行事，统治集团的各种暗流仍在涌动。因此杨广见此时机，已是急不可待，写信给杨素问如何处理后事。可是事情不巧，回信

被送给了隋文帝，隋文帝看了十分生气。隋文帝命宠爱的宣化夫人陈氏入内侍候，杨广见了不由欲火焚身，兽性大发，企图逼奸她。陈氏不从，向隋文帝哭诉，隋文帝得知以后大骂道："畜生何足以托大事！"对柳述、元岩说："速召我儿！"柳述等便想找杨广来，隋文帝连呼"勇也"。柳、元二人便外出起草诏书，诏杨勇前来。

这一风云突变，使形势急转直下。但杨广的心腹已遍及朝野，得知这一消息，杨广急命心腹宇文述等人率兵包围皇宫，撤换文帝的卫士和服侍之人，后又干脆杀掉杨勇。同一天，隋文帝驾崩，死因不明，后人多认为是被杨广派人害死的。就这样，杨广登上了皇帝的宝座，史称隋炀帝，年号大业。立萧氏为皇后，立长子杨昭为太子。炀帝即位后，最小的弟弟并州总管杨谅起兵反抗，但很快被平定。

去礼远众——隋炀帝

二、功过是非

（一）革新律制　创建科举

　　隋炀帝杨广取得帝位以后，为收揽民心，又大修文治，改定典章制度，力求有所创新。他刚办完隋文帝的丧事，就开始着手进行改革。

　　炀帝厘定制度主要表现在以下几个方面：

　　一是改革行政制度。在中央，开皇元年（581年），隋文帝下令废除西魏、北周时期的"六官制"，开始实行以尚书、内史、门下三省为行政中枢的制度，内史省负责皇帝诏书的起草，门下省负责诏书的审批，而尚书省是皇帝诏书的执行机构，这样分工，使中央各部门的职能更具体，运转更顺畅。这一制度到唐代得到继承和发展。地方上，改魏晋南北朝以来的州郡县三级制为二级制。隋朝初年，由于战乱频仍，人民流离失所，加之地方机构的工作不力，导致地方机构设置混乱。当时的情况是，在不足一百里的土地上几个县同时存在，人口不满一千户的地方却有两个郡来分领。更可笑的是，有的郡、县只有名称，根本没有自己的辖地。然而，州郡县所辖的土地和人口虽少，官员的数量却很

多。国家要给官员发俸禄，却又拿不出钱，只好把这笔费用摊到老百姓头上，以致民不聊生、怨声载道。隋朝建立之初，便改州、郡、县三级为州、县两级（大业年间为郡、县两级）。此举大大加强了政策法令上传下达的速度，提高了行政效率，减少了官员的数量，减轻了百姓负担，也有利于中央对地方的管理。

　　二是继续推行均田制，减免赋役。均田制始于北魏，它是在国家掌握大量土地的前提下，将土地分给农民耕种，农民向国家交纳赋税的一种制度。由于战乱，隋初有大量的土地无人耕种，百姓劳动的热情也非常高，鉴于此，隋朝推行均田制。根据均田令，百姓基本都能获得一份土地。同时，在文帝和炀帝前期，还大力减免百姓所承

担的国家赋役。如，文帝开皇三年，将承担赋役的年
龄由 18 岁提高到 21 岁；到炀帝大业前期，男子的成
丁年龄又提高到 22 岁。而且，隋炀帝还经常临时性
地减免赋税。隋前期实行的与民休息政策，大大提高
了百姓的劳动积极性，同时也给中央王朝带来了巨大
的收益。至文帝末年，国家的粮食储备已相当充足，
可以保证五六十年的供应。

　　三是改革教育制度，创建科举。隋炀帝恢复了被
杨坚废除了的国子监、太学以及州县学。他兴办学
校，访求遗散的图书，并加以保护。隋时的藏书量是中国历代最多的，隋朝藏
书最多时有 37 万卷，七万七千多类图书。可大部分图书毁于战火，唐玄宗时藏
书最多时 8 万卷，唐学者自著 28467 卷，唐以前图书只剩 28469 卷，可惜这些
图书大部分也难逃战火。此外，他还组织人编写了《长洲玉镜》400 卷和《区
宇图志》1200 卷，还规定了藏书以甲乙丙丁为目，分经史子集四类，这就是后
来的四部分类法，这些都是隋炀帝的创举，他对于保存我国古代的典籍做出了
很大的贡献。

　　随着士族门阀的衰落和庶族地主的兴起，魏晋以来选官注重门第的九品中
正制已无法继续下去。隋文帝即位以后，废除九品中正制，开始采用分科考试
的方式选拔官员。隋炀帝时，正式设立进士科，我国科举制度正式诞生。这一
制度一直沿用到清末。大业二年(606 年)，隋炀帝始建进士科，典定科举制度，
这是中国历史上具有划时代意义的大事。杨广创建了对后世影响深远的科举制，
开设进士科，那时的进士科以考政论文章为主，选择"文才秀美"的人才。
《通典》说杨广优先考虑的是个人的品质而不是文才。炀帝时还增加了科举录取
人数。至 607 年，考试科目已经有了十科，标志着科举制度的产生。

　　科举制的创立是封建选官制度的一大进步，冲破士家大族垄断仕途的局面，
起到抑制门阀的作用；扩大了官吏的来源，为大批门第不高的庶族地主知识分
子参政提供了机会，"大者登台阁，小者任郡县"；科举制把读书、考试和做官
紧密联系起来，提高了官员的文化素质；科举取士把选拔人才和任命官吏的权
力，从地方豪门士族手里集中到中央政府手里，大大加强了中央集权，有利于
政局的稳定。因此，这一制度为历朝所沿用，影响深远。

去礼远众——隋炀帝

四是修订法律。大业二年（606年），鉴于隋文帝末年法令严峻、人民喜欢宽政的局面，诏吏部尚书牛弘等人修订新的律法。于大业三年(607年)四月颁行，一共十八篇，共五百条。该律规定的刑罚较《开皇律》为轻。死、流、徒、杖、笞等五刑中该重就轻的有二百多条，此外还取消了"十恶"的名目及其中的某些条文，表示"宽刑"。但是法律修订以后，并没有得到很好的执行，特别是到了炀帝末年，用刑十分残酷。

从隋炀帝改定的这些制度来看，即位之初，他还是一个有见识、有抱负的统治者，是希望有所建树的。但是他绝不是一个励精图治的皇帝，后来的残暴统治将这些改革的益处抵消得一干二净。

（二）大兴土木 开凿运河

尽管隋炀帝以弑父杀兄的途径获得帝位，但为了证明自己作为皇帝是当之无愧的，便试图在短期内建立最伟大的功业，以期与秦皇汉武功绩相媲美。同时自己当上皇帝，无人管制自己的私欲，多年的压抑一扫而去，现在可以无所顾忌地享受生活了。

在大业元年(605年)，隋炀帝派杨素等人负责修建洛阳城。当时，每月都有二百万人在工地上劳动，经过一年的努力，终于完成。新的洛阳城有宫城、皇城和外郭城。外郭城也就是大城，周围有七十里长。里面的皇城是文武衙门办公的地方。再往里，就是宫城，周围有三十里。隋炀帝修建洛阳城，是有统治国家的战略考虑的。当时首都长安在西北面，往东的路不太畅通，影响了国家政令的畅达。洛阳则处在国家的中心地带，可以有效地治理江南，控制北方，巩固国家。还有，在长安的时候，各地的粮食运往长安要费时费力，到了洛阳

便可以很方便地取得粮食，减轻了百姓负担。这也为后来的唐朝繁荣昌盛打下了坚实的基础。

大业元年（605年），隋炀帝即位第一年就征发百万士兵和夫役，修造通济渠。同年又改造邗沟。大业三年，又征发河北民工百万开凿永济渠。大业五年沟通长江黄河。至此，开凿大运河的工程基本完成。隋炀帝开凿大运河前后用了六年的

中
国
古
代
昏
庸
帝
王

时间。隋炀帝先后开凿疏浚了由黄河进入汴水，再由汴水进入淮河的通济渠；还有从淮河进入长江的邗沟；从京口（现在江苏的镇江）到达余杭（现在浙江杭州）的江南河；引沁水向南到达黄河，向北到达涿郡（现在的北京）的永济渠。这些渠南北连通，就是历史上有名的大运河。大运河从北方的涿郡到达南方的余杭，南北蜿蜒长达五千多里。隋炀帝在修运河的同时，运河两岸筑起御道，种上杨柳树。从长安到江都，沿途建造离宫四十多处，沿运河还建立了许多粮仓，作为转运或贮粮之所。

南北大运河，将钱塘江、长江、淮河、黄河、海河连接起来。当时运河上"商船旅往返，船乘不绝"，大运河对隋唐时期南北经济、文化交流，维护全国统一和中央集权制的加强，都起了促进作用。大运河不仅加强了隋王朝对南方的军事与政治统治，而且使南方的物资能够顺利地到达当时的洛阳和长安，在有利于军事和政治的同时，南北方的文化交流也得到了有力的加强。如此浩大的工程，利于千秋万代。大运河对于中国来说远比长城更重要。大运河连接黄河流域长江流域，连接了两个文明，使黄河流域和长江流域逐渐成为一体。修建大运河是凝聚中国之举，满足了将已成为全国经济中心的长江流域同仍是政治中心的北方连接起来的迫切需要。大运河的修建使中国水运畅通、发达，为中国后世的繁荣富强打下了牢固坚实的基础。自清末改漕运为海运，大运河才不再是国家经济的大动脉了。隋炀帝的这一举措为后代带来了巨大的好处，然而为此付出的代价也太大。劳民伤财导致灭国。

这一系列大规模的土木工程，一方面使国家耗费巨资，堆积着劳动人民的累累白骨；另一方面，的确加强了隋朝对全国的统治，维护了国家的统一。东都的营建和大运河的开凿，为各地物资统一平衡的运送调动以及以后中国的经济重心南移提供了有效的方案和条件，奠定了之后一千多年的政治、经济的规模和格局。然而就大兴土木而言，皇帝必须首先考虑到子民的承受能力，要考虑子民的生存状态。隋炀帝就是没有注意人们的承受限度，不记成本地滥用民力，驱民于水火，无视人民最起码的生存权，必然产生暴政，亡国亦不可避免。

（三）北巡突厥　方勤远略

经过二十年的战争与招抚，隋炀帝时东突厥已经臣服。然而，处于游牧社会的突厥与处于农业社会的隋朝，无论是社会生活还是政治制度仍然有极大的不同。因此要保持北边国境的长时间安宁，就必须对突厥实行恩威并施的政策。隋炀帝决定巡视突厥，以显中华之富强和对少数民族的重视。

大业三年（607年）正月初一的早上，当时的突厥启民可汗正进京朝见隋炀帝，见到宫中数不胜数的文物，非常羡慕，请求袭用中华的冠带服饰，炀帝不允许。第二天启民可汗又带领他的下属上表坚决请求，炀帝见到启民可汗如此拜服中原文明，虚荣心得到极大的满足，抑制不住内心的喜悦，对牛弘等人说："当今衣冠全备，致使可汗揭开发辫请求袭用我中华的冠带服饰，是众爱卿的功劳。"于是赏给每个人很多丝帛以资鼓励。

四月炀帝巡视北方，住宿在赤岸泽（今陕西华县北）。五月，启民可汗派遣

他的儿子拓特勒前来朝见。炀帝征发河北十多个郡的青年男子开凿太行山，直达并州以开通驰道。启民可汗派其侄子毗黎伽特勒前来朝见。没过几天启民可汗又派使节请求亲自入塞迎接圣驾，炀帝没有允许。六月，炀帝以及随行兵马驻扎在榆林郡（今内蒙古托克托西南）。炀帝要出长城到塞北炫耀武力，要直接经过突厥到达涿郡（今北京西南），恐怕启民可汗惊扰害怕，先派武卫将军孙晟宣谕皇帝圣旨。启民可汗奉诏命，于是召集所属诸国部落如奚、室韦等酋长数十人聚在一起恭候隋朝皇帝。从榆林到北突厥牙帐，到东面的涿郡修筑了一条长三千里、宽一百步的御道，突厥全国都出力服役。

炀帝住在行宫中，启民可汗和义成公主亲自来到行宫朝见炀帝。吐谷浑、高昌同时也派出使节前来觐

见。这一切使炀帝的虚荣心得到了极大满足。几天以后，炀帝坐在北楼上，一边看士兵在黄河中捕鱼，一边宴请百官群僚。

启民可汗一再上表，认为："先帝（隋文帝）怜悯我，赐给我义成公主，赏赐各种物品，使一切都不缺乏。我的兄弟因此嫉妒，想要杀掉我。我当时真是走投无路，仰望只有天空，俯视唯有大地，奉献上身家性命完全依赖归附于先帝。先帝可怜我将要死掉，收养我使我获得新生，任命我为突厥大可汗，回去安抚突厥的民众。陛下如今统治天下，还像先帝一样，养护我和突厥的民众，使之一切都不缺乏。我承受的圣恩是言语所不能表达的。现在我已经不是从前的突厥可汗，而是皇上的臣民，希望带领全部落的民众变更衣服，完全同华夏民众一样。"炀帝虽说很高兴，但还没有失去理智，因此他认为不可行，赐给启民可汗玺书，告谕说："大漠以北尚未平静，仍需要征战，只要存心恭敬顺服，又何必改变服装？"

炀帝想要向突厥人夸耀显示隋朝的强大和富足，命令宇文恺制作特大的帐篷，帐篷可以容纳几千人。大帐篷做好以后，炀帝在城东亲临大帐，准备了盛大的仪式和威武的卫队，宴请启民可汗和其他部落的酋长们，并且演奏隆重的乐曲，让他们感受到华夏文明礼乐之先进。突厥哪见过这个阵势，个个又惊又喜，争先恐后地进献牛、羊、马等数万头。炀帝赏给启民可汗丝帛二十万匹，对他的手下也给予不同程度的赏赐。还给予启民可汗辂车（古代诸侯乘坐的车子）、乘马、鼓乐以及觐见天子不称名称的特权，地位在诸侯王之上。又下诏征发青壮年男子一百万修筑长城，西起榆林（今内蒙古托克托西南），东到紫河（今山西右玉西）。尚书左仆射苏威极力劝阻，但是炀帝固执己见。高峻的长城既是隔断华夷的城墙，又是显示帝国威风的艺术品。由此可见，隋炀帝民族政策还是华夷有别的，是要确立汉民族中原王朝正朔形象，让夷狄都听命于隋朝皇帝。

八月秋高气爽，炀帝从榆林出发，经过云中（今内蒙古土默特左旗东南）沿金河（今内蒙古大黑河）溯流而上。当时天下承平已久，各种物资都极为充足富裕，陪同炀帝出行的带甲之士就有五十多万，战马十多万匹，旌旗招展，辎重满路，千里不断。炀帝又命人制作观风行殿，殿上可以容纳卫士几百人，能分开也能合并，行殿下安装轴轮以便推移。同时又制作行城，周长大约两千多步，用木板做主干，周围披上布料，装饰各种丹青颜色。行城上还有防守用的城楼。胡人以为炀帝一行人运用神功营造了这些华丽的建筑，无比震惊，每望见御营，在十里之外就赶快下马屈膝叩头。

启民可汗奉献庐帐等待御驾的到来，隋炀帝一行经御道来到大利城（今内蒙古和林格尔西北）的牙帐，萧皇后也来到义成公主帐前。启民可汗恭敬地跪倒在地上，手中捧着酒杯为皇帝祝福长寿，而王侯以下的突厥官员也在帐前袒身割肉，没有人敢仰视炀帝。炀帝十分高兴，看到彪悍的突厥降服，王公屈膝于自己的面前，隋炀帝的权力意志得到极大满足和舒展，当时即赋诗一首。炀帝赐给启民可汗和义成公主金瓮各一个，还有衣服、被褥和锦彩，突厥贵族也有各种不同的赏赐。由于天气渐冷，隋炀帝没有按预定的计划东走涿郡回朝，而是就近取马邑道入塞，启民可汗一直护驾至入塞后才回牙帐。

大业四年（608年）四月，炀帝诏令："突厥启民可汗尊奉朝廷的教化，思念改变戎人的风俗，可以在万寿戍建筑城池，修造房屋，使用的物品一定优厚供给。"

大业五年（609年）正月，启民可汗前来朝见天子，炀帝对他礼遇和赏赐更加优厚。十一月，启民可汗去世，隋炀帝十分伤心，特地为他停止朝会三天，立他的儿子咄吉为可汗，这就是始毕可汗。他继续实行与隋友好的政策，双方频频遣使，贸易也有所发展。

（四）巡视西域　重建丝路

隋成立时，西域广大地区的霸主是突厥。突厥分裂后，西突厥是西域的主人，他们控制了沟通东西方的丝绸之路。隋文帝虽成功地降伏了东突厥，但是对西突厥尚无暇顾及。炀帝继位以后，值天下承平已久，国力强盛，随即对西域开始大规模、有系统的征服。

西域昭武九姓及诸多胡人，魏晋以来就不断来内地经商。隋朝统一以后，贸易更加昌盛。大业三年（607年），西域的诸国胡人很多来到张掖（今甘肃张掖）交易货物，炀帝派吏部侍郎裴矩掌管经营。裴矩知道炀帝喜好经略远方的心理，当诸国胡商到达张掖时就以利引诱他们来见，向他们打探诸国的山河地理和风土人情，据此撰写了《西域图记》三卷，共记述了四十四国的状况，入朝奏报给炀帝。又另外绘制西域地图，有关西域的要害位置都画在上面。炀帝赏赐给裴矩丝帛五匹，当天召见裴矩到御前亲自询问他有关西域的情况。裴矩见机大肆谈论"西域物产丰盛，吐谷浑容易吞并"。炀帝于是感慨万千，仰慕秦始皇、汉武帝功劳，更加迫不及待想开通西域以满足自己的野心。于是任命裴矩为黄门侍郎，担任经略四夷的重任回到张掖，用利益引诱西域胡人入朝朝见天子。从此以后，西域国商人不断来往京城，所经过的郡县则疲于迎来送往，耗费的财富数以万计，可谓苦不堪言。

大业五年（609年），炀帝亲征吐谷浑，吐谷浑故地皆空，大隋拓地数千里。吐谷浑东西四千里，南北两千里，范围东起青海湖东岸，西至塔里木盆地，北起库鲁克塔格山脉，南至昆仑山脉。炀帝在吐谷浑故地置西海（今青海湖西）、河源（今青海兴海东南）、鄯善（今新疆若羌）、且末（今新疆且末南）四郡，西海郡就设置在吐谷浑故都伏俟城。炀帝命令把隋朝天下所有犯轻罪的人移居到吐谷浑故地居住戍边，并令西部诸郡运粮以供给之，命刘权率军镇守河源郡积石镇，大开屯田。隋朝在吐谷浑故地置州、县、镇、戍，实行郡县制度管理，这是以往各朝从未设置过正式行政区的地方。《隋书·食货志》："帝亲征吐谷浑，破之于赤水。慕容佛允委其家属，西奔青海。于是置河源郡、积石镇。又于西域之地置西海、鄯善、且末等郡。谪天下罪人，配为戍卒，大开屯田，发西方诸郡运粮以给之。"

隋炀帝率大军从京都长安（今西安）浩浩荡荡地出发到甘肃陇西，西上青海横穿祁连山，经大斗拔谷北上，到达河西走廊的张掖郡。这次出行的目的绝不是游山玩水、个人玩乐。因为西部自古为大漠边关、自然条件环境恶劣，隋炀帝还曾遭遇到暴风雪的袭击。此峡谷海拔三千多米，终年温度在零度以下。士兵冻死大半，随行官员也大都失散。隋炀帝也狼狈不堪，在路上吃尽苦头。隋炀帝这次西巡历时半年之久，远涉到了青海和河西走廊，其意义重大。在封建时代，抵达西北这么远的地方的皇帝，只有隋炀帝一人。隋炀帝西巡过程中置西海、河源、鄯善、且末四郡，进一步促成了大西北成为中国不可分割的一部分。

隋炀帝到达张掖之后，西域二十七国君主与史臣纷纷前来朝见，表示臣服。各国商人也都云集张掖进行贸易。隋炀帝亲自打通了丝绸之路，加强中原与西方的各个方面的联系与交往，这是千古明君才能有的功绩。为炫耀中华盛世，隋炀帝杨广在古丝绸之路举行了万国博览会。游人及车马长达数百里，堪称创举。由于丝绸之路的畅通，不仅使张掖的国际贸易市场更加繁荣昌盛，还促进了中原一带贸易市场的兴起和发展，如关中的岐州（今陕西凤翔）、西京长安、东都洛阳等。从此，西域的高昌、焉耆、龟兹、疏勒、于阗、康国、安国、米国、吐火罗等国家的商贾使者来往于长安、洛阳一带，络绎不绝。负责西域事物的裴矩在《西域图记》中说："伊吾(今哈密)、高昌(今吐鲁番)、鄯善(今若羌)，亚西域之门户也。总凑敦煌，是其咽喉之地。"隋炀帝派遣薛世雄在西域伊吾国内修建一座"新伊吾城"，罢州置郡，敦煌又为敦煌郡。隋代在莫高窟开凿了大批的石窟，敦煌地区甚至还出土了一些隋皇室成员的写经，可见隋王朝对西域的重视。隋炀帝还派司隶从事杜行满出使西域，从安国带回五色盐。又派云骑尉李昱出使波斯，回国时，波斯的使者、商人也随至中原。炀帝之前，中西交通的丝绸之路只有南北两道。隋炀帝时期不仅以前的道路更加畅通，而且新增一道，即新北道。这样，隋通西域的道路共有三条：北道（又叫新北道），出自敦煌至伊吾，经蒲类、铁勒部，渡今楚河、锡尔河而达西海；中道（汉代的北道），出敦煌至高昌，经焉耆、龟兹、疏勒，越葱岭，再经费尔干纳、乌拉提尤别等地而至波斯；南道，出敦煌自鄯善，经于阗、朱俱波、渴盘陀，越葱岭，再经阿富汗、巴基斯坦而至印度各地。

肃肃秋风起，悠悠行万里。
万里何所行，横漠筑长城。
岂台小子智，先圣之所营。
树兹万世策，安此亿兆生。

诅敢惮焦思，高枕于上京。

北河见武节，千里卷戎旌。

山川互出没，原野穷超忽。

撞金止行阵，鸣鼓兴士卒。

千乘万旗动，饮马长城窟。

秋昏塞外云，雾暗关山月。

缘严驿马上，乘空烽火发。

借问长城侯，单于入朝谒。

浊气静天山，晨光照高阙。

释兵仍振旅，要荒事万举。

饮至告言旋，功归清庙前。

去礼远众 —— 隋炀帝

这是隋炀帝在这次西巡时所作的《饮马长城窟行》，成为千古名篇，"通首气体强大，颇有魏武之风"。从这首诗中可以看出开拓西域的艰难和隋炀帝的雄心抱负。

隋炀帝此次西巡开拓疆土、安定西疆、大呈武威、威震各国、开展贸易、扬我国威、畅通丝路，乃一代有作为的国君所为。唐太宗也感慨地说："大业之初，隋主入突厥界，兵马之强，自古以来不过一两代耳。"

大业六年（610年），隋政府又设置伊吾（哈密）等郡。隋炀帝除向西北开拓疆土外，隋朝大军还向东南进行了一系列开疆拓土的战争，这些战争的胜利使大隋王朝东南的领土疆域扩大到印度的安南、占婆（今越南地区）及中国台湾等地。在海南岛上分置儋耳、珠崖、临振三郡。北边有五原郡（内蒙后套一带）。此外隋文帝时期已经把强大的突厥分裂成东突厥与西突厥两部，并在和东突厥的战斗中取得胜利。《剑桥中国隋唐史》这样说："在炀帝全盛时期，西突厥人对他似乎是一个次要问题，一个以少量代价即能为中原帝国所用的累赘。"这也为以后唐太宗取得一系列的胜利打下了坚实的基础。

为了显示隋朝的富庶，进一步提高王朝的威望，大业六年（610年），隋炀帝把西域诸国的使节和商人汇集在东都洛阳。于是征集四方"奇技异艺"于洛阳的端门外大街，戏场周围五千步，演奏乐器的多达一万八千人，乐声传遍数十里，令人耳目眩晕，从黄昏一直闹到天亮，夜里火树银花、繁花似锦，整整持续一个月才停止，耗费了亿万计的财富，直看得西域胡人神魂颠倒。从此以后，这样的集会每年都举行一次，成为例行娱乐。

诸国商人又请求进入洛阳的丰都市场交易，炀帝也盛情恩准他们的请求。为了显示中原华夏的强大，炀帝下令先整顿修饰市场的店铺，屋檐要整齐划一，墙上要挂上帷帐，屋里要堆满珍奇的物品，连人物也要个个漂亮，就连卖菜的小贩也要垫上龙须席（一种用龙须草织成的席子）。胡人客商每次经过酒店饭店，都必须邀请他们就座，喝醉吃饱之后一律不收钱，还要告诉他们说："中国富足，喝酒吃饭照例不要钱。"胡商都惊叹不已。胡商也并非没有察觉，他们发现缠在树上的丝帛就问："中国也有贫穷的人，衣服遮盖不住身体，何不把这些丝帛给他们穿，缠在树上干什么？"市场的人惭愧得很，无言以对。

通过精彩的歌舞显示中国文化的无穷魅力，营造出欣欣向荣、万方同乐的氛围，使来自荒漠的胡人惊叹不已，自觉地向隋朝靠拢，以达到威服四夷的目的，这是隋炀帝的成功。但是隋炀帝为达到这一目的，为了满足自己的虚荣自大之心，可谓不惜血本，虽然"诸番慑惧，朝贡相继"，但广大人民为此却付出了沉重代价。

(五)出游江都　礼乐隆盛

隋炀帝开凿大运河，虽功在千秋，却弊在当时。古人有"种柳开河为胜游"的诗句，今人亦有人指出开河"出于君王游幸之私欲"。这种说法是有历史根据的。因为在通济渠和邗沟刚贯通时，隋炀帝便带领皇后嫔妃、百官大臣和大批军队，扬帆起程往江都巡游去了。

大业元年（605 年）八月，隋炀帝出游江都，从显仁宫出发，黄门侍郎王弘预先派来龙舟船队恭候奉迎。炀帝先乘坐小朱航船，从漕渠出洛口换乘龙舟。龙舟分成四层，高四十五尺，长二百尺，上层建有正殿、内殿、东西朝堂；中间两层建有 120 间房，都装饰着金玉；下层是侍从们的住处。萧皇后乘坐的翔螭舟，只是规模较小而已，装饰同龙舟一样豪华。又有称为浮影的大船九艘，高三层，都是人工建造的水上宫殿，此外，又有称作漾彩、朱鸟、苍螭、白虎、玄武、飞羽、青凫、五楼、道场、玄坛、楼船、黄篾等名号的大船数千艘，供妃嫔、诸王、公主、百官、僧尼、道士、外国使节及客商乘坐，并装载朝廷内外各机构部门进献的物品。共征发挽船的民夫八万余人，其中九千余人专挽漾彩以上级别的大船，称为"殿脚"，都身穿锦彩袍衣。又有称作平乘、青龙、八棹、艇舸的船只数千艘，乘坐十二卫兵士并载运兵器、帐幕等，由兵士自挽，不给役夫。这支大船队前后衔接，长达二百余里，两岸骑兵护送，水面、岸边彩旗飘扬，水光辉映，照耀着山川大地。炀帝下令所经过的州县五百里之内的民众都得前来献食，有些州献食多到一百车，都极尽水陆珍味美食。后宫妃嫔、宫女们吃腻了，临行前便将这些美食抛弃埋掉了。

大业二年（606 年）二月，炀帝诏命吏部尚书牛弘等官员议定舆服、仪卫制度，任命开封仪同三司何稠为太府少卿（掌内府器物）专门负责营造，送往江都。何稠富有智慧，构思巧妙，博览图书典籍，汇集参考古今的样式和构造，多有改进。衮衣（礼服）冠冕（礼帽）上画有日月星辰，皮弁（贵族用的一种礼帽）是利用漆沙制作的，又制作三万六千人的黄麾仪仗，而皇帝乘坐的各式车辆、皇后的仪仗、文武百官的朝服，都务求制作得华美，使炀帝称心如意。又向州县征收羽毛，作仪仗上的装饰，害得百姓到处寻求捕捉，罗网撒遍了水中，布满了陆地，凡是羽毛可以用作装饰的飞禽鸟兽都被捕尽杀绝。乌程地方有一棵高过百尺的大树，树干上没有旁出的枝条，树顶上有一个鹤鸟巢，当地的百姓想要捕捉鹤鸟雏，但爬不上去，就砍伐树根，大鹤害怕树倒摔死雏鸟，就自拔羽毛投在地面上。当时有人称这是祥瑞，说："天子要造羽仪，

去礼远众——隋炀帝

鸟兽自献毛羽。"这可能是传闻，但足见其扰民之深。仅仅制作羽仪一项役使的人工就多达十余万人，耗费的金银钱帛数以亿万计。炀帝每次出外游乐，使用的仪仗队都塞满了街路，连贯二十余里。

三月，炀帝从江都出发，返回洛阳。四月，炀帝从伊阙（今河南伊川西南）乘坐法驾（天子的车驾），在千乘万骑的簇拥之下进入东都城。几天后，他亲临端门宣布大赦天下，并免除全国当年的租税。规定五品以上的文官乘车、上朝穿戴冠服、佩戴美玉等制度，规定武官骑乘的马匹装饰珂（似玉的美石）、武官戴帻、穿用裤（套裤）褶（夹衣）的制度。当时，礼乐典章制度的隆盛，可以说是其他朝代所望尘莫及的。

当年七月，太子杨昭因病去世，炀帝哭了几声就止住了，旋即又奏乐歌唱，与平常没有什么两样。八月，炀帝封皇孙杨炎为燕王、杨侗为越王、杨侑为代王，这三位王都是杨昭的儿子。九月，封秦王杨俊的儿子杨浩为秦王。

十月，在巩县（今河南巩义）东南的台地上面设置了洛口仓，在仓城周围二十余里，挖掘了三千座大地窖，每窖可储藏八千石粮谷，并设置了监管的官员和镇守的士兵一千人。十二月，又在东都洛阳北七里外设置了回洛仓，修筑十里的仓城，挖掘了三百座粮窖。

先前在北齐温公（北齐后主高纬）的时代，流行鱼龙、山车等杂技，称为散乐（又称百戏）。北周宣帝宇文赟时，郑译奏请征用这些杂技百戏。隋文帝杨坚受禅登帝位后命令牛弘制定礼乐制度，凡是不属于正声、清商和九部、四舞的音乐歌舞一律摒弃。炀帝即位后以突厥启民可汗将要入朝为理由，想要利用富有和欢乐来自相炫耀，太常少卿裴蕴迎合炀帝的心意，奏请召集全国周、齐、梁、陈时代的乐家子弟编为乐户；又六品官以下至平民有擅长音乐百戏的都集中到太常寺当差。炀帝采纳了这个建议，于是全国各地的杂技百戏云集东都洛阳。

炀帝在芳华苑积翠池旁检阅这些杂技百戏，有舍利兽先跳跃起来，忽然间激起水流注满街衢；有鲸鱼吞云吐雾掩蔽了太阳，转眼之间化成黄龙，身长七八丈；又有二人各自头顶竹竿分左右行走，竿上各有人舞动，忽地同时跳到对方的竿上；还有神鳌（大海龟）负山、幻人吐火等杂技，真是千变万化。歌伎戏人都身穿锦绣彩衣，舞女们都佩玉鸣环，点缀鲜花羽毛。炀帝命令京兆郡（治所在长安）、河南郡（治所在洛阳）的百姓为他们制作新衣，作为一种征税，为此，东西两京的锦绣都用光了。炀帝常常制作艳丽的篇章，命令乐正（乐师）白明达谱写新曲教人弹拨演奏。炀帝听了非常高兴，对白明达说："齐氏（北齐高氏）偏安在一隅之地，他的乐工曹妙达还封为王。朕今天全国一统，正是要使你显贵的时候，你应该自己注意修饰谨慎。"

（六）三征高句丽　穷兵黩武

早在隋文帝开皇十七年（597 年），远在辽东的高句丽王高汤听到隋灭陈的消息非常恐惧，极力加强兵备，积蓄粮草，做抵抗守御的准备。当年，隋文帝发布致高汤的诏书说：你们东北方虽然土地狭窄，人口稀少，假若现在废黜了你的王位，也不能就此对东北不管不问，朝廷还要重新选派官属，前去安抚你们那里的黎民百姓。你如果能洗刷心灵改变行为，一切遵照朝廷的典章制度，即是朕的良臣，何劳另外派遣贤能之士呢？你认为辽水的宽广比长江如何？高句丽国的兵民比南陈多少？朕假如不存包含抚育之心，责罚你从前的罪过，立即命令一位将军出征，能费多少气力！朕之所以情意恳切地加以劝导，是允许你悔过自新。

高汤接到诏书惶恐不安，准备进献表文陈述谢罪，恰在这时他不幸病死，他的儿子高元即王位。隋文帝派遣使者授予高元上开府仪同三司的官衔，承袭辽东公的爵位。高元向朝廷进献表文谢恩，并趁这个机会请求封他为高句丽国王，隋文帝允许了。

开皇十八年（598 年）二月，高句丽王高元率领包括靺鞨（女真族的前身）在内的军兵一万多人攻掠辽西地区（治今辽宁义县西），被隋营州总管韦冲率军击退。隋文帝听说后大怒，任命汉王杨谅、上柱国王世

积同为行军元帅，统帅水陆三十万大军讨伐高句丽。又任命尚书左仆射高颎为汉王长史、周罗侯为水军总管。六月，隋文帝颁布诏书废黜高句丽王高元的官职、爵位。汉王杨谅统率的大军出了临榆关（今山海关），正遇上大雨过后的水涝，后勤运输供应不上，军中缺少粮秣，又遇上传染病流行。周罗侯率领水军从东莱（今山东掖县）渡海直奔平壤（今朝鲜平壤市），途中也遭遇大风，战船大多沉没。九月，隋军被迫撤回，兵士死亡了十分之八九。高句丽王高元也惊慌惧怕，派遣使节向朝廷谢罪，呈献表文自称"辽东粪土臣元"，隋文帝于是停止用兵，对待高句丽王还像当初那样。

百济王余昌派遣使节进献表文，请求为隋军讨伐高句丽充当向导，隋文帝下诏书告谕他："高句丽王已经认罪归附，朕已经赦免了他，不能再行讨伐。"朝廷优待了百济的使节，然后遣送回国。高句丽略知一些消息，为报复百济，便出兵劫掠百济的边境。

炀帝大业六年（610 年），当炀帝亲临启民可汗牙帐的时候，恰好高句丽国的使节正在那里，启民可汗不敢隐瞒，便和他一起面见皇上。这时黄门侍郎裴矩对炀帝说："高句丽本是箕子（商纣王时代的忠臣）的封地，汉、晋时代一直是中国的郡县，现在却不臣服朝廷。先皇帝（隋文帝）准备讨伐高句丽已经很久了，只是由于杨谅无能，以致师出无功。当今陛下君临天下，怎能不夺取回来，使文明礼仪之境反而成了蛮貊（指东北的部族）之乡？今天高句丽的使节亲眼见到了启民可汗举国奉从大隋的情景，可以趁他们恐惧之时，胁迫高句丽王进京朝见。"炀帝听从了他的建议，命令牛弘向高句丽使者宣布圣旨说："朕因启民可汗诚心诚意地尊奉朝廷，所以才亲临他的牙帐。明年朕将去涿郡，你回去转告高句丽王，应当及早前来朝见，不要自生疑惑和恐惧。所有存育教化的礼仪，将如同对待启民可汗一样。假如不来朝见，朕将率领启民可汗去巡视你们那里。"

高句丽王高元虽然十分惧怕，但并没有前往朝见炀帝，藩臣的礼节也并没有完全尽到。炀帝对此大怒，便准备讨伐高句丽，下令征收全国富户的军赋，让他们购买战马，一匹马价值高达十万钱，又派使官检查兵器，务求精制新造，如果发现粗制滥造、质量低劣，就立即处斩使官。

大业七年（611 年）二月，炀帝从江都来到涿郡，颁布诏书征讨高句丽。

命令幽州总管元弘嗣到东莱海口
负责建造海船三百艘。为了讨好
炀帝，官吏监督工役极其严厉急
切，匠役们昼夜站在海水中，不
敢稍微休息，从腰部往下都开始
腐烂生蛆，死亡了十分之三四。
四月，御驾到了涿郡的临朔宫，
跟从的文武百官凡九品以上的，

当地都必须按照命令妥善安置住宅。在来涿郡之前炀帝就下诏征调全国的兵力，
不问地方远近全部集中到涿郡。又征调江淮以南的水手一万人，弓箭手三万人，
岭南排𫼩手三万人。当时，四面八方的士兵不远千里奔赴涿郡如同流水一般。
五月，炀帝命令河南、淮南、江南的民众赶造战车五万辆送到高阳，供士兵装
载衣甲帐幕，由士兵自己推挽。又征发河北、河南的民夫运送军需物资。七月，
征调江淮以南的民夫以及船只运载黎阳仓和洛口仓诸仓米到涿郡。船只依次衔
接有几千里不断，运载着兵器甲帐以及攻城的器具，经常有数十万人来往在水
道和陆路的运输线上。运夫车马拥挤在道上，死亡的民夫尸体遗弃在路旁，臭
气熏天也无人过问。人民都无法忍受这种暴政，起义时有发生。

　　大业八年（612年）正月，四方的军兵都汇集到涿郡。炀帝征召太史令庾
质，问他："高句丽的人口抵不过我们一个郡，现在朕凭着这么多的军队去讨
伐它，卿以为能否战胜？"庾质回答说："征伐是可以战胜他们的，不过依臣愚
见，不希望陛下亲自征讨。"炀帝很不高兴地说："朕现在集中大军在这里，怎
么可以没见到敌人而自己先退却了呢？"庾质回答说："攻战而不能取胜，恐怕
有损陛下的威严；假如陛下坐镇这里，命令勇猛的大将和强壮的士兵，指示他
们作战方针，然后让他们急速行军，出其不意攻击敌人，就一定会战胜。军贵
在神速，迟缓就不会成功。"炀帝不满地说："既然你害怕上前线，自己留在这
里好了。"这时右尚书署监事耿询恳切地要求炀帝不要亲征，炀帝大怒，名左右
的卫士斩了他，由于少府监何稠苦苦相救，耿询才免于一死。

　　几天以后，炀帝命令征讨大军出发，炀帝根本不重视兵贵神速、出其不意，
而是每天发一军，每军间隔四十里，连营渐进，大军用了二十四天才出发完。
结果是排成一字长蛇阵，根本没有战斗力。

　　炀帝大业八年（612年）三月，炀帝率领征讨大军经过两个月行军，齐集

辽河边，沿辽河摆列军阵。高句丽兵依仗辽水坚守抵抗，隋军不得渡河。炀帝命令工部尚书宇文恺在辽水西岸建造三座浮桥，浮桥建成后士兵们推桥直奔辽水东岸，由于桥身短，还差两丈多到不了对岸，高句丽兵居高临下猛击河水中的隋兵，隋兵登不上岸去，死伤惨重。左屯卫将军麦铁杖与虎贲郎将钱士雄、孟叉等人跳上河岸，都奋战而死，于是隋军命令收兵，推桥又回到西岸。

诸将率军东进，炀帝亲自告诫他们："今天我大军出征，是为了慰问高句丽民众，讨伐有罪的高句丽王，并不是为了建立功名。诸将当中有不了解朕的旨意，想以轻兵突袭，孤军深入，独自战斗以立身扬名邀功请赏者，都不符合大军征伐之法。你们进兵要分成三道，进行攻战，三道一定互相配合，不得冒险独进，以至于散失亡败。再有，凡是军事进止，都必须奏报，等待命令，不得专擅行事。"辽东城的高句丽守军屡次出战不利，便据城死守。炀帝命令诸军攻城，又令诸将："高句丽如果投降，应当立即抚慰接纳，不得纵兵进攻。"辽东城每次将要攻陷，城中守军就声称请求投降，诸将奉命不敢趁机猛攻，先派人快速奏报，等到领旨回来，城中守军补充完备又坚守抵抗。如此再三，炀帝还是执迷不悟，因此辽东城久攻不下。六月，炀帝来到城南亲自观察城池的形势，于是召见诸将斥责他们说："你们自以为官居高位，仗着家世显贵，打算用懦弱、怠慢来对待朕吗？在都城之日，你们都不愿意朕亲征，恐怕朕发现弊端，朕今天来到这里，正想要观察你们的所作所为，斩杀你们这些人！现在你们畏惧死亡，不肯尽力作战，是认为朕不敢杀你们吗？"诸将都浑身颤抖，变了脸色，炀帝于是停留在辽东城西数里的地方，坐镇六合城。高句丽国的都城各自坚守，隋军长久攻不下来。

右翊卫大将军来护儿率江淮的水军，战船相连数百里，渡海先行。在离平壤六十里处与高句丽军相遇，隋军发起攻击，打败高句丽军。来护儿想要乘胜直攻平壤城，副总管周法尚劝止他，请求等候诸军到齐一同进攻。来护儿不听劝告，选拔了精锐甲士四万人直抵平壤城下。高句丽埋伏重兵在罗郭城内的空寺中，然后出兵与来护儿军开战而假装败退，来护儿不知是计，便带兵追赶进入平壤城，放纵士兵擒获掠夺，乱成了一团。高句丽的伏兵乘机杀出，来护儿大败，仅只身逃脱，士兵逃回不过几千人，高句丽兵一直追击到隋军战船停泊的地方，周法尚严阵以待，高句丽兵才撤回。来护儿领兵撤退驻扎在海边，不敢再留在平壤城下接应诸军。

炀帝凭借隋文帝时代积蓄的国力征集百万大军，分成二十四军依次前进，鼓声相闻，旌旗相望，浩浩荡荡九百六十里。这种终古未有的出师，意在炫耀武力，并不从军事的实际需要出发，失去了出其不意克敌制胜的可能。他不顾有识之士的一再劝阻，一定坚持亲自挂帅，严令诸将凡军事、进止必须奏报等待命令，不得专擅，志在贪天之功据为己有。他满以为百万大军一到辽东，高句丽就将乖乖出降，严令诸将，高句丽如请降必须安抚，不得纵兵进攻，结果一再贻误战机，导致了失败，他不检讨自己的指挥失误，反而归罪于于仲文。

大业九年（613 年），在经过一系列准备之后，隋炀帝再次亲自指挥大军征讨高句丽。可是在后方督运粮草的礼部尚书杨玄感在黎阳（今河南浚县东北）举兵造反，并进逼东都，这是隋炀帝万万没有想到的，彻底打乱征伐高句丽的计划，炀帝不得不回师国内，征讨高句丽再一次受到挫折。

尽管国内发生大规模的起义，但隋炀帝仍不放弃扫灭高句丽的既定计划，并为再伐高句丽做准备。大业十年（614 年）二月，隋炀帝下诏第三次御驾亲征高句丽。和前两次一样，征人远赴如流，舳舻相次千里，役夫往返道上数十万人，死者臭秽盈路，套役者不计其数。但这次征讨的结果就像是场滑稽戏，气势汹汹的百万大军，仅得到一句表示道歉的空话就按原路退回。炀帝是挽回了一点面子，但百万将士却不知走了多少冤枉路，送了多少无辜的性命。

隋炀帝三征高句丽，结果是失信于天下，并使万民百姓处于水深火热之中，他们在走投无路的情况下被迫起义反抗，隋朝统治变得风雨飘摇起来。

去礼远众——隋炀帝

三、穷途末路

（一）天下大乱　义军遍地

隋炀帝发动的规模空前的征讨高句丽的战争遭到空前的惨败，致使威信大降，不仅损兵折将，还引起天下骚动，造成国内政治失控和动乱，一场即将到来的政治危机笼罩在王朝的周围。

大业七年（611年）秋，山东邹平人王薄自称"知世郎"，即所谓通晓古今当世之人，编了一首《无向辽东浪死歌》在民间传唱，歌谣煽动水深火热中的民众奋起反抗。于是王薄和孟让拥众据长白山（今山东章丘）起义，一时聚众数万人，首先举起了反抗隋炀帝暴政的大旗。

就连统治阶级的礼部尚书杨玄感也趁炀帝征高句丽之机，在黎阳（今河南浚县西南）起兵反叛。七月，余杭的平民刘元进起兵响应杨玄感，没过多长时间刘元进就拥众数万人。八月，杨玄感兵败，被押回到洛阳，在东都街市上被处死。这时，吴郡（治今江苏苏州）的朱燮、晋陵（今江苏常州）的管崇聚集百姓抢掠江东地区。

炀帝派大理卿郑善果、御史大夫裴蕴、刑部侍郎骨仪与民部尚书樊子盖追究杨玄感的同党。炀帝对裴蕴说："杨玄感振臂一呼，响应者十万，由此可知天下的人不可多，多了就聚集成盗贼，不把这些人斩尽杀绝，不足以惩戒后事。"樊子盖生性残酷，裴蕴又接受了炀帝的这个指示，于是利用严刑峻法惩治杨玄感的党羽，杀了三万余人，全部抄没其家，冤枉致死的有一多半，被流放的有六千多人。杨玄感围攻庆都的时候，曾打开粮仓赈济百姓，凡是接受赈济的人全部被坑杀在东都城南。与杨玄感友好的文士虞绰、王胄都被牵连发配边地，虞绰、王胄途中逃走，被官军捕获后处死。

炀帝善于撰著文辞，不能忍受别人超过他。薛道衡死后，炀帝说："他还

中国古代昏庸帝王

能写'空梁落燕泥'吗?"王胄死后,炀帝吟诵他的佳句"庭草无人随意绿",说:"他还能作此诗句吗?"炀帝以自己的才学自负,往往傲视天下的士人,曾经对侍臣说:"别人都说朕是继承了先帝的遗业才取得天下的,假使让朕与士大夫竞选,朕也应该做天子。"

炀帝曾对秘书郎虞世南说:"朕生性不喜欢接受别人劝谏,如果是地位高、声望重的达官还想以进谏求名,朕更不能容忍他;至于卑贱的士人,朕虽然可以宽容他,但决不让他有出头之日,你记住吧。"

九月,东海郡(治今江苏连云港西南)平民彭孝才聚众数万人做强盗;十月,豪帅吕明星围攻东郡(治今河南滑县),被隋虎贲郎将费青奴击败。刘元进率领部众正准备渡过长江,正值杨玄感兵败,朱燮、管崇一同迎接刘元进,推举他为首领。刘元进占据了吴郡,自称天子,朱燮、管崇都做了尚书仆射,设置了百官,毗陵、东阳、会稽、建安等郡的豪帅多捕杀隋地方官响应刘元进。炀帝派遣左屯卫大将军领兵进攻清河,讨伐张金称,结果官军不敌。后隋军加强了对义军的打击,几乎战无不胜,可是平民百姓们响应叛乱如影随形,起义军战败了又重新聚集起来,使他们的势力更加强盛。

刘元进退兵占据了建安(今福建建瓯),炀帝命令吐万绪进军讨伐,吐万绪因为士兵疲劳困敝,请求暂时停止进攻,等待来年春天,炀帝很不满意。隋将鱼俱罗也以为贼兵不是一年数月可以平定的,便暗中派家中仆人接走在洛阳的诸子,炀帝闻讯大怒。主管官员为迎合皇上的心意,奏报吐万绪临敌怯懦,鱼俱罗挫伤失败,结果鱼俱罗获罪被处死。炀帝征召吐万绪到自己的住所,吐万绪忧愤地病死在途中。

炀帝另派江都丞王世充征发淮南的数万大军进讨刘元进。王世充渡过了长江连战告捷。刘元进、朱燮都败死在吴地,他们的部众有的投降,有的逃散。王世充召集先投降的人在通玄寺佛像前立下誓言,约定凡降者一律不杀。远离逃散的义军准备下海去作强盗,听到消息后,十天之间绝大部分义军都自首归降了,王世充把他们全部活埋在黄亭涧,杀害了三万多人。因此,其余的义军又聚集

去礼远众——隋炀帝

101

起来，官军无力讨伐，他们一直坚持到隋朝灭亡。炀帝认为王世充有将帅的才干，更加宠幸他，加以重用。

这一年，炀帝下诏，凡为盗者，抄没其家属及财产。当时义军的家属到处被抄没，郡县地方官吏为夺取财物和人口，更加专擅威福，任意杀掠。这时章丘的杜伏威成了义军的首领。

当时，炀帝刚从高句丽撤军返回西京，便准备到东都去，太史令庾质劝谏说："往年征伐辽东，百姓实在劳乏困敝了，陛下应当镇守抚慰关内，使平民百姓都尽力从事农业生产，经过三五年时间，全国逐渐丰富充实，然后再巡视检察各方，这样对于帝业有益。"炀帝听了很不高兴。庾质见此，便推辞有病，不肯跟炀帝去东都，炀帝大怒，下令把庾质押进监狱，庾质最终死在狱中。十二月，炀帝到了东都，宣布全国大赦。

孟让从长白山攻掠到周围的郡县，进军到盱眙（今江苏盱眙），发展到十余万人，声势十分壮大。他们占据了都梁宫，并依托淮水设置了坚固的屏障进行固守。江都丞王世充率兵抵抗，设置了五座兵寨，占据了险要的位置，大破孟让军，杀死一万余人，孟让仅带领数十骑逃走，其余部众全部被俘。

大业十一年（615年），义军盗贼不断蜂起，炀帝二月，下诏命令百姓全都迁往城里居住，给城近处的田地耕种。于是郡县、驿亭、村坞修筑城池。当时上谷郡（今河北易县）豪帅王须拔自称漫天王，建国号为燕，他的副帅魏刁儿自称历山飞，聚众十余万勾结北面的突厥，攻掠燕赵一带。

另外还有三支规模较大的武装力量，即瓦岗军、河北义军和江淮义军。

瓦岗军活动于今河南一带，是各路反隋义军势力最强大的一支，领导人主要有翟让、李密等，为铲除隋炀帝的暴政进行了浴血奋斗。大业十二年（616年），瓦岗军大破金堤关；斩隋大将张须陀于大海寺；大业十三年（617年）破兴洛仓以济贫，并发布讨炀帝檄文，指出隋炀帝罪行"罄南山之竹，书罪未穷；决东海之波，流毒难尽"。隋炀帝看到檄文，心惊色变。同时瓦岗军围攻洛阳，声威大震。但李密出于个人私心杀害翟让，使义军内部分化，实力大减。大业十四年（618年），童山之战，大败宇文化及。但义军损失惨重，良卒劲马也损失殆尽，又遭王世充突袭，李密降唐，义军失败。

河北义军主要由窦建德领导。江淮义军主要由杜伏威、辅公祐率领。这两支义军也在一定程度上对隋王朝给予了沉重打击。

大业十二年（616年）正月，炀帝举行朝会，已经没有外国使节来进献礼物了。而其由于各地农民起义不断，道路阻隔，有二十余郡的使者未能到达东都。炀帝不但不反思自己的罪过，抚恤民众，反而变本加厉地进行镇压，派遣使者分赴十二道发兵讨伐捕杀盗贼。但疯狂的镇压没有取得成效，反暴政的起义还是此起彼伏。

当时天下已经大乱，在各地农民起义不断风起云涌的时候，地主贵族官僚也纷纷起兵。大业十三年（617年），李渊父子在晋阳起兵，迅速进军关中，袭占京师长安，隋朝的灭亡进入了倒计时。

(二) 三游江都　醉生梦死

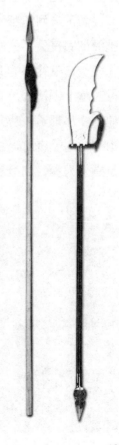

大业十一年（615年）隋炀帝再次北巡突厥，试图重现大业三年北巡启民可汗的故事，以挽回一点面子。可是却被围困在雁门，经过拼死力战，才最终逃出突厥的包围回到中原。大隋天子的威严丧失殆尽。同时国内局势动乱不已，盗贼蜂起。隋炀帝狂妄的扩张野心被撕得粉碎，无边无际的权力欲望受到了限制。无情的现实使隋炀帝无力回天，只好逃避现实，政治上不再有任何进取之心，反而在生活上更加追求奢侈，成为一个彻头彻尾的昏君。

同时炀帝也开始为自己的后路考虑。于是命令毗陵郡通守集中十郡的兵力数万人，在郡城的东南修建宫苑，在方圆二十里内修建了二十座离宫，大都模仿东都西苑的制度，而奇异和壮丽程度有过之而无不及。隋炀帝还准备修建宫苑于会稽郡（今浙江绍兴），这都是为逃跑江南作准备。又因为运河上的龙舟被杨玄感烧毁，早在大业十一年隋炀帝就命令重新制造数千艘龙舟，全部运送到东都备用。

面对日益恶化的政治局势，隋炀帝也日益恐惧，自大

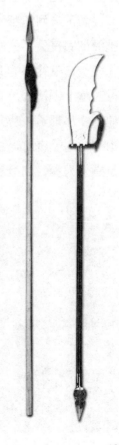

去礼远众——隋炀帝

103

业八年（612年）以来，夜里一直睡眠不稳，梦中经常呼喊有贼，必须由几个妇人像待小儿那样摇晃、安抚才能入睡。而且其政治意志也完全崩溃，不愿过问朝政，整日追求享乐。宇文述见机便劝隋炀帝到江都去，这正好符合隋炀帝心思，于是欣然接受。这时右卫大将军赵才劝谏说："当今百姓疲劳不堪，府藏已经空虚，盗贼蜂拥而起，朝廷的法令不能实行，希望陛下返回京都安定黎民百姓。"炀帝大怒，把他交给官吏治罪，过了几天怒气稍有消减，才放他出来。这时朝官都不想去江都，由于炀帝意志坚决，没有人敢于劝阻。但建节尉任宗上书极力劝谏，当日在朝堂上被活活打死。七月一日，炀帝起程去江都，留下越王杨侗与光禄大夫段达等人全面负责留守事宜。炀帝留下一句诗与宫人辞别，诗云："我梦江南好，征辽亦偶然。"其诗也说明炀帝征伐高句丽纯系偶然，只因为高句丽王高元不肯入朝，他便"偶然"一念而使生灵涂炭，也葬送了隋王朝。奉信郎崔民象以盗贼充斥为由，上表文谏阻去江都，炀帝大怒，下令先割下他的下巴，然后斩首。

炀帝来到江都不思振作，在生活上更加糜烂，他对治国平天下的圣王之业已经彻底丧失了信心，于是颇思享乐。他接见前来拜见的江淮地方官，专问献礼多少，献礼多的升为郡丞、郡守，献礼少的一律给予停职处分。江都郡丞王世充献上铜镜屏风，便升他为江都郡通守。历阳郡丞赵元楷献上美食，便提升他为江都郡丞。从此各郡县官员竞相搜刮百姓来充实贡献。平民百姓外受盗贼掠夺，内受官府逼赋，生计全部断绝，再加上饥饿断粮，人们不得不吃树皮或是煮土为食，到最后食物全部吃光，竟然发生"人吃人"的世间惨剧。而官府

的粮食却是充足的，但地方官畏惧犯法，没有敢开仓赈济饥民的，对此人间悲剧视而不见，毫无人性。王世充还广泛搜集江南美女进献给隋炀帝以博得欢心，炀帝更加沉迷声色犬马之中不能自拔。在宫中设置了一百多处的游乐房，各房

装饰豪华，陈设帷帐用具专供游宴，内居美女多人，每天由其中一房做主人。由江都郡丞赵元楷专门负责提供酒食物资。炀帝及萧皇后以及宠幸的美女按照次序来到房里饮宴，酒杯不离口，跟从的美女千余人也经常昼夜昏醉，就在这种虚无荒淫的生活中度过每一天。然而，炀帝见到全国一片动乱危亡的局面，整日发慌不能自安，退朝之后便带上幅巾，身穿短衣，拄着拐杖四处游逛，走遍所有的楼台馆舍，不到黑夜不停止，心情急切地看着周围的美景，唯恐看不全，因为他知道这样的美景也许不久就没有机会看到了。炀帝自己懂得占视天象，常常夜里摆上美酒，仰视天象，对身旁的萧皇后说："外面有好多人在图谋我的皇位，可是我大不了像陈后主那样封个长城公，且不管他，咱们还是一起饮酒作乐吧！"于是斟满酒杯喝得烂醉。炀帝一次照着镜子用手摸着自己的脖子，回头对萧皇后说："好头颅，不知轮到谁来砍？"萧皇后惊讶问缘故，炀帝强笑道："贵贱苦乐，轮回转换，又有什么好感伤的？"

就在隋炀帝避居江都之后一年的时间内，各地反隋起义形成高潮，农民起义风起云涌，地主贵族也相继起兵，社会各阶层都打起了反叛的旗号，全部起来造反，隋朝统治已处于风雨飘摇之中。炀帝见中原已经大乱，没有再回北方的心思，打算迁都丹阳（今江苏南京），保守江东，命令群臣在朝廷议定。内史侍郎虞世基等人都认为这是个好主意。右侯卫大将军李才极力陈述不可的理由，请求御驾重回长安，并且与虞世基发生激烈争吵，最后不欢而散。门下录事李桐客说："江东闷热潮湿，土地狭小，对内需供奉皇上，对外需供给三军，百姓负担不起，恐怕也将分散动乱。"御史弹劾李桐客诽谤朝政，于是百官阿谀奉承说："江东的百姓盼望陛下已经很久了，陛下渡过长江，安抚治理他们，这真是大禹王一样伟大的事业。"炀帝命令修建丹阳宫，准备迁都丹阳。

（三）江都宫变　独夫授首

在炀帝下令修建丹阳宫时，江都的粮食已经吃完了。可是跟从御驾的侍卫多是关中人，长期客居在外思念家乡，见炀帝没有西返的意思，许多人都打算叛逃回去。不久郎将窦贤带领部属向西逃走，炀帝派骑兵追杀了他们，可是逃亡的人还是相继不断，炀帝因此而忧心忡忡。虎贲郎将司马德戡一向受到炀帝宠幸，被委派统领侍卫驻扎在东城，司马德戡跟平时友好的虎贲郎将元礼、直阁（宿卫宫殿的领兵官）裴虔通密谋说："现在侍卫人人都想逃走，我想禀报，恐怕先被杀头，不去禀报，事发之后，也逃脱不了灭族的祸殃，怎么办？"元、裴二人都慌了，问道："可是有什么对策吗？"司马德戡说："侍卫如果逃亡，不如和他们一起逃走算了。"二人都表示同意。于是互相串联，内史舍人元敏、虎牙郎将赵行枢、鹰扬郎将孟秉、符玺郎李覆、牛方裕、直长许弘仁、薛世良、城门郎唐奉义、医正张恺、勋侍杨士览等人都与他们同谋，白天夜里相互联结定约，在大庭广众之中也公开讨论叛逃的计划，无所畏惧和回避。有个宫人禀告萧皇后说："外面人人都想反叛。"萧皇后说："随你去上奏。"宫人对炀帝说了实情，炀帝听了大怒，认为不是宫人应当说的话，竟然处死了她。从此再没有人禀告叛乱的事了。

赵行枢与将作少监宇文智及一向交往亲密，而杨士览是宇文智及的外甥，他两人把密谋告诉给宇文智及，宇文智及听了心中大喜。司马德戡等人约定在三月十六日结伙西逃，宇文智及说："皇上虽然无道，威权命令还能行使，你们要逃走，是自取灭亡罢了。现在上天实要灭亡隋朝，英雄豪杰同时起事，一心叛离的已经多至数万人，可趁机举大事，这是帝王的大事业。"司马德戡等人认为言之有理。赵行枢、薛世良于是请求让宇文智及的哥哥右屯卫将军宇文化及做盟主，盟约确定之后，便告知宇文化及。宇文化及是个能力低下、性情怯懦的人，听说此事后

吓得变了脸色，急出了冷汗，后来还是同意了。

司马德戡派许弘仁、张恺进入备身府，告诉认识的人说："陛下听说侍卫们想要叛逃，准备了许多毒酒，打算趁宴会把他们全都毒死，只与南方人留在这里。"侍卫们都非常害怕，互相转告，谋反就更加急迫了。接着，司马德戡把所有侍卫全部找来，告知他们要做什么，大家都说："只听从将军的命令。"当天刮起了大风，昏天暗地。天黑之后，司马德戡盗取了御用的宝马，暗中磨砺了兵器。当天晚间由元礼、裴虔通在阁下值班，专门主管殿内。唐奉义主管关闭城门，与裴虔通约定好，诸门都不上锁。

到了三更时分司马德戡在东城集中兵众，到了数万人，举火把与城外相呼应。炀帝望见起火，又听到外面的喊叫声，问："外面有什么事？"裴虔通回答说："草坊失火，外面的人正在一起救火。"这时宫廷内外已经隔绝，炀帝便信以为真。宇文智及与孟秉在江都城外也集中了一千余人，劫持了巡夜的侍卫冯普乐，布置兵力分别守卫街巷。这时燕王杨炎发觉形势不妙，就连夜穿过芳林门旁的水洞逃到玄武门诈称："我突然中风，生命危在旦夕，请求面见皇上辞别。"裴虔通不仅不禀报，还把他关押起来。

天不亮，司马德戡把集中起的侍卫兵交给裴虔通，来替换诸门的卫士，裴虔通从城门率领数百骑兵来到成象殿，宿卫的士兵传呼有盗贼，裴虔通便返回来，关闭各城门，只留下东门。卫士们都扔下兵杖离殿而去。这时右屯卫将军独孤盛问裴虔通："是些什么盗贼，形势怎么与以前大不一样了？"裴虔通回答说："形势已经这样了，不干将军的事，将军请谨慎，切勿乱动。"独孤盛大骂道："老贼，这是什么话！"来不及披挂甲衣，便带领身边的十几个随从抵挡，被乱兵杀死。这时千牛（皇帝的亲身护卫）独孤开远率领殿内的士兵数百人跑到玄览门，敲阁门请求说："兵器还齐全，足能打败叛军。陛下如果出来亲自观战，人心自然安定，不然的话，大祸今天就将到来。"殿内竟没人回答，军士渐渐散去。叛军捉住了独孤开远，后来佩服他的君臣大义而释放了他。在这之前，炀帝曾经选择骁勇健壮的官奴数百人安置在玄武门，成为"给使"，以防备非常情况的发生，给他们的待遇特别优厚，甚至把宫女赐给他们。司宫魏氏也受到炀帝的信任，宇文化及等人便结交她作内应。这天，魏氏假传诏命，把给使们全部放出去，因此仓促之际竟无一人在场。

司马德戡等人领兵从玄武门进入殿中，炀帝这时听说外面叛乱了，急忙改换服装逃到西阁。裴虔通与元礼进兵搜查左阁，在魏氏的启示下他们进了永巷，逼问："陛下在哪里？"此时有人指示了方向，校尉令狐行达拔出刀来一直向前冲去。炀帝躲在窗扇后面对令狐行达说："你想杀朕吗？"令狐行达回答说："臣不敢，只想奉陪陛下回西京罢了。"便扶炀帝下阁。裴虔通本是炀帝做晋王时的左右亲信，炀帝看见是他，说："卿不是我的老友吗？什么怨恨使你反叛？"裴虔通回答说："臣不敢反叛，只是将士们思念西归，想奉陪陛下回京城罢了。"炀帝说："朕正想西归，只是由于船没有到，现在朕和你们一起回去。"裴虔通带兵看守着他。

到了天亮，孟秉带着装甲骑兵迎接宇文化及，只见他战抖着讲不出话来，有人前来见他，他也只是低着头，手把着马鞍，口称罪过。宇文化及来到了城门，司马德戡出来迎接，引进朝堂，上尊号称他为丞相。裴虔通对炀帝说："现在百官都在朝堂上，陛下必须亲自出来慰劳。"并进献带来的坐骑，逼迫他上马。炀帝嫌弃马鞍和缰绳破旧，给他更换了新的，才肯骑上去。裴虔通牵着马缰绳，带着刀出了宫门，叛军们欢呼雀跃，惊天动地。宇文化及扬言道："用不着把这个老东西拉出来，赶快弄回去杀掉算了。"炀帝问道："虞世基在哪？"叛军首领马文举说："已经砍头了。"于是把炀帝带回到寝殿，裴虔通、司马德戡等人拔刀站在两旁监视他。炀帝感叹道："朕犯了什么罪，到了这个地步？"马文举说："陛下背弃宗庙不顾，巡游四方，对外屡次征兵讨伐，对内

极度奢侈荒淫，使青壮年男子都死在刀箭之下，弱小的女子填塞在沟壑之中，士农工商都丧失了生业，盗贼蜂拥而起。又专门信任谄媚的奸臣，文过饰非，拒不采纳意见，还说什么无罪！"炀帝说："朕实在对不住百姓，至于你们这些人，跟着朕享尽了荣华富贵，为何这样对待朕？今天的事为首的是谁？"司马德戡回答说："普天之下同心怨恨，何止是一人。"宇文化及又让封德彝揭露炀帝的罪状，炀帝说："卿是读书人，为何也参与叛乱？"封德彝羞愧地退到后面。炀帝心爱的小儿子赵王杨杲才12岁，这时站在炀帝的身边号哭不止，裴虔通当着

炀帝的面一刀砍死他，鲜血溅到炀帝的御服上。

叛军正要杀死炀帝，司马德戡说："且慢，天子自有死法，怎么能动用锋刃，拿鸩酒来！"马文举等人不许，让令狐行达把炀帝按倒在地上，让他坐下。炀帝自己解下白丝巾带交给令狐行达，就这样被绞死。当初，炀帝自知早晚躲不过这一难，经常用盛酒的瓶子贮藏毒药放在身边，对他宠幸的美女们说："如果贼人来了，你们就要先喝下去，然后朕也喝下去。"等到后来叛乱果真发生，回头找毒药瓶，左右的人都逃散了，竟然没找着。炀帝死后，萧皇后与宫人撤下漆床板，做成小棺材，把杨杲和炀帝一起葬在江都宫西院的流珠堂。

纵观隋炀帝的一生，他不是无所作为的庸君，也不是只顾淫乐的昏君，更不是英明仁义的圣君，而是一个不折不扣的暴君。他文韬武略，志包宇宙，在主观上想干一番历史功绩，但他迷信权力，不恤百姓，为建立自己的个人功业不顾一切，为了满足自己的无穷私欲而无所顾忌。隋炀帝不修仁德，不尊重人民最起码的生命权、生存权，以人民百姓为敌，唯我独尊，拒绝纳谏，最后把国家也拖入祸乱之中，自己成了独夫民贼，为万民所弃。还是让我们牢记历史古训："水能载舟，亦能覆舟。"

去礼远众——隋炀帝

阶下囚徒——宋徽宗

　　宋徽宗赵佶是北宋第八代皇帝,其人很有文采,但在政治上无所作为。他在位二十五年,最终落个国亡被俘、折磨而死的下场。当政期间,他穷奢极欲、荒淫无度,大肆搜刮民财,大建宫观,并且信奉道教,发给道士俸禄,自称是"道君皇帝";不仅如此,他还不断对外进行战争,在1120年,与金朝订立盟约要夹攻辽国。结果导致后来金军南下攻宋。靖康二年(1127年),宋徽宗被金兵俘虏,后死于五国城。

一、端王登基

北宋一百多年的历史，一直处于辽和西夏的军事威胁之下，即便在和平年代，边境地区也不是很太平，域外的强敌虎视眈眈地看着宋朝。1100年，年仅25岁的宋哲宗做皇帝没有多长时间，就在郁郁寡欢之中死了，没留下子嗣来继承皇位。

他的继任者——宋徽宗，与南朝李煜相同，都是很有文采但政治上无所作为的皇帝典型。赵佶是北宋第八代皇帝，宋神宗第十一子，即位后被称为徽宗。哲宗病死后，向太后立他为帝，但最终落个国亡被俘、折磨而死的下场，终年54岁。在他当政期间，虽然开始有重振朝政的决心，但很快就在奸臣的阿谀奉承下，穷奢极欲、荒淫无度，大肆搜刮民财，并且信奉道教，发给道士俸禄，自称是"道君皇帝"，大建宫观。北宋的方腊、宋江农民起义就是在这种条件下发生的。不仅如此，他还对外不断进行战争，在1120年，与金朝订立盟约要夹攻辽国。结果导致后来金军南下攻宋。靖康二年（1127年），宋徽宗被金兵俘虏，后死于五国城。

一切还要从1100年的一天说起。这天天空中飘满了雪花，寒风料峭，东京王城内福宁殿中隐隐传来一阵哭泣声，原来是哲宗皇帝驾鹤西去。赵煦即位时，稚气未脱，由祖母宣仁太后高氏垂帘听政，直到他16岁时才得以亲政。哲宗不是一个奋发有为的天子，至多算是守成的皇帝，他在执政多年之后，突然驾崩，使朝野惊恐不已。天不可无日，国不可无主，哲宗没有子嗣，偌大个江山交给谁呢？这实在是个棘手的问题。哲宗有两个皇后，第一个是孟皇后，但夫妻二人不和，孟皇后后来被废黜，出居瑶华宫，号华阳教主、玉清妙静仙师。她生有女儿，没有儿子。第二个皇后是刘氏，她生得倾国倾城，且又多才多艺，很得哲宗喜爱，由美人进位贤妃，孟皇后被废掉以后，刘氏得以顺理成章入主中宫。她生有一子二女，但儿子赵茂出生仅三个月便死去了，刘氏哭得死去活来，但毕竟于事无补。哲宗在悲痛之余，还存有一线希望：自己风华正茂，何愁没有子嗣？然而儿子还在虚无缥缈之中，他自己却撒手人寰了。

哲宗这一病不仅使朝臣十分关注，更使向太后忧心如焚。但向太后毕竟是一位十分沉着而有主见的老人。她在哲宗病了半年之后，便暗暗打定了主意：万一哲宗不测，只有在他兄弟中选一人来继承皇位了。可是究竟选谁呢?宋神宗有十四个儿子，早在哲宗即位前，长子佾、次子仅、三子俊、四子伸、五子价、七子价、八子偶、十子伟均享寿不永，短命夭亡。余下的是九子必、十一子佶(音吉)、十二子俣、十三子似、十四子思。这五人都垂涎帝位，其中活动最积极的是哲宗的异母兄弟赵佶。神宗的这几个儿子虽都不是向太后所生，但由于皇太后的特殊身份，向氏仍是赵氏王朝中最有权势和最有资格决策皇帝人选的人物。她可以在这几位王子中任选一位来继承王位。她想若论长幼，应立九子，但他患有严重的眼疾，难以立为国君，而其他王子不是出身庶贱，就是纨绔子弟，只有十一子端王赵佶近两年来颇有贤名，而且赵佶对自己又十分殷勤。哲宗病后，他又时常为国事而忧心，又听说他仍在为其兄四处寻医求药，这说明赵佶的贤德果真是名副其实。

赵佶是神宗皇帝的第十一个儿子。据说在他降生之前，其父宋神宗正在看南唐后主的画像。虽然李煜托生说法不足为信，但在赵佶身上，确有李煜的影子。赵佶从小就爱好笔墨、射箭、骑马，对奇花异石、飞禽走兽有着浓厚的兴趣，尤其在书法绘画方面，更是表现出非凡的天赋。有一名叫春兰的侍女长得花容月貌，又精通文墨，是向太后特意送给赵佶的。但赵佶并不满足，以亲王之名，经常微服寻花问柳，被誉为"青楼天子"。

按说赵佶无论如何也不可能对皇位有任何非分之想，可是因为哲宗皇帝的病危和申王的多病，使他看到了一点希望。哲宗皇帝已病了一年多了，这一年来，赵佶不满足于当亲王的荣华富贵。因为皇帝和亲王地位有天壤之别，而造

成这种差别的主要原因，就是因为自己晚出生了几年。他出生时，上面已有十个哥哥了。同是神宗皇帝的儿子，就因为出生的先后不同，而决定了将来地位的尊卑。

后宫中最有权势的是向太后，因为赵佶的亲生母亲在后宫中地位极低。只有让向太后对他产生好感，才有可能达到入主金銮殿的目的。为此他用了很多珠宝，买通了向太后身边的两位侍女郑氏和王氏。她们本就爱慕端王，又兼得了珠宝，便不断地在向太后面前诉说端王如何如何仁义孝顺、如何如何贤德聪明。赵佶自己也没有闲着，一有机会就向向太后献殷勤。由向太后对自己的喜欢程度可知，自己所作的努力没有白费。

赵佶得到了朝中很多人的称赞。哲宗即位后，一日，他派亲信去江苏天庆观问一个被称为王神仙的人，让他推算一下，看看以后何人入继大统。王神仙推算完，一言未发，只在纸片上写了"吉人"二字，交给来人带回。来人询问再三，王神仙只是摇头不答，宦官无奈，只得将纸片交给哲宗。哲宗召集臣子观看，没能作出解释。其实，"吉人"二字合写是"佶"字，这预示着赵佶要当皇帝。

赵佶被封为端王，从而也意味着赵佶有可能被立为皇帝。哲宗朝曾令群臣进拟堂名，学士纷纷献名，怎奈皆不中哲宗之意，最后定名为"迎端"，这竟成了迎赵佶入继大统的谶语。

赵佶家有个叫杨震的管家，有一次，有两只白鹤降落在端王府里。在古代，人们认为白鹤落在家中，是难得的祥瑞，于是知道的人都纷纷前来庆贺，杨震怕此事会引起皇帝的猜忌，便把那些人赶走，说："是鹳不是鹤！"又有一日，杨震的卧室中长出一棵灵芝，家里人都去庆贺，吓得杨震赶紧说，这不是灵芝而是普通的蘑菇。这接连不断的祥瑞异兆，让赵佶高兴得神魂颠倒，更加自高自大。于是有一天，赵佶叫来一个手下亲信，吩咐说："你到大相国寺测一下我的生辰八字，一定要在每一个卦摊前都推算一遍，询问一下祸福，可只准说是为你自己算命。那人拿着八字去了，在每个卦摊前询问，但那些卖卜者都信口雌黄。最后见到一个人，穷困潦倒，坐在卦摊上，问他姓名，算卦的回答说："张合。"于是二人聊了一会儿后，仆人便拿出赵佶的八字让他看。张合看了很长时间后说："你真是开玩笑，这不是你的生辰八字，这是天子的生辰八字，为何要这么捉弄我呢？"那个管家大吃一惊，不敢小瞧这位先生，赶忙认真地请教。于是张合便道破了底细，不知是出于巧合，还是张合真的会掐算，管家更是惶惑不已，惊讶得一句话也说不出来了。他怕张合看破了会坏事，于是就赶紧一溜烟跑回了端王府，不敢泄露任何事情。第二天，便向赵佶说了他的经历。赵佶也是大吃一惊，但心里十分高兴，心想原来自己真的是有当皇上的命啊，只是因为自己出生得太晚了。如今，老天又一次垂青于我，看来我命中注定要做皇帝。想到这儿，赵佶不禁有些飘飘然。到了第二天，那个管家上街的时候，又碰见了那个算命的，管家很紧张。张合笑着对他说："没有什么可紧张的，昨天我说出了天机，故今天特地在此等你，希望你回去后告诉你家主子，虽然有天命的眷顾，但还要自爱，为人处事要谨慎，这样才有可能灵验。"管家回去后，再次向赵佶禀告此事，赵佶顿时出了一身冷汗。心想，原来上天在帮我让我做皇上啊！后来，赵佶当上天子，张合也跟着官运亨通，做了大官。这也许是因为张合给赵佶留下的印象太深了，使他即位以后，也不忘好好感谢上天。

　　还有一个叫谢瑞的人，从成都来到京师，以拆字言人祸福为生。来人只须随意书写一字，谢瑞便能拆字析意，没有不被言中的。赵佶怦然心动，随手写了一个"朝"字，派一名宦官持字前往，谢瑞见字便端详宦官说："此字非公公所写，我干这种事情的，只能据字而言。我发迹交运在于此

字，贬谪远行也在于此字，但不敢直言。"宦官惊讶地说："没关系，你直说好了。"谢瑞说道："'朝'字拆开来看，即为十日十月四字，不是这一天生的人，谁会写这个朝字呢？"谢瑞话一出口，满座皆惊，十月十日乃徽宗寿辰，京城尽人皆知。宦官马上回奏徽宗。还有一次，徽宗书写了一个"问"字，托一官员交给谢瑞，谢瑞在"问"字旁秘密批字后交给那位官员，嘱咐到家后方可拆开。赵佶打开一看，上面写道："吾皇万岁，圣人万岁。"赵佶惊讶不已。

谁也没有想到，就是这样一个一生充满了如此多光环的皇帝，最后竟然成为北宋的亡国之君。

宋哲宗病重期间，国家大权都掌握在向太后手中。向太后是前朝名相向敏中的曾孙女。神宗任颖王时，娶向氏为妻，封安国夫人，神宗当上皇帝以后，就立向氏为皇后。1085年，38岁的宋神宗驾崩了，向皇后与神宗的亲生母亲高太后策立赵煦为帝，就是后来的哲宗。哲宗当了皇帝后，尊向皇后为皇太后。高太后命人重修庆寿宫给向太后居住，但庆寿宫在高太后居住的东面，按照常规，东方为上，向太后推辞说道："哪有婆婆住在西边而媳妇住在东边的道理？"坚持不肯居住在那里。

宋哲宗挑选皇后的时候，同时也为他的弟弟们娶妻子，向太后告诫她家族的女子都应该避讳。她的家族中有要想当官的人，也一概拒之于门外，不肯帮助。在大臣们的心目中，向太后是一个正直而不徇私情的好太后，却成为赵佶平步青云的阶梯，赵佶知道，要想从一名普通的王爷成为拥有天下的皇上，最关键的是要取得向太后的信任，只要向太后能够帮忙，登上皇位就有十分的把握。于是赵佶使出浑身解数，来讨取向太后的欢心，让这位单纯的老人家认为自己好。甚至他还不惜降低自己的身份，去巴结向太后身边的宫女，不惜花费重金讨好她们，让她们在太后面前为自己说情。最终，宫廷中都称赞赵佶是个不可多得的人才，不仅是一表人才，而且还知道孝道，同时也会关心下面的人，向太后也受到迷惑，对赵佶另眼相看，对他特别喜欢。朝野间私下也议论纷纷，说一旦哲宗驾崩，继位者便非赵佶莫属了。

宋哲宗驾崩后，向太后就召集大臣商讨立皇帝的事情。其实她早已有人选了，之所以要这样做，不过是做做样子而已。她宣布说："国家遇到了不幸的大事，皇帝死后却没有子嗣，应当立即选出一位亲王继任正统职位。"宰相章惇见向太后这样说，就以为让他再度风光的时候到了。但他对向太后的打算全然不知，还以为自己是国家的重臣，在立皇帝这一重大问题上，不能不考虑他的意见，现在既然是征询意见，于是就很积极地说道："简王与皇帝是一母同胞的兄弟，皇帝驾崩了，按历朝历代的规矩来说，都该是简王继位。"向太后摇摇头说："我没有子嗣了，而其他王子均是庶子出身，不用再如此分别。再说简王乃是神宗皇帝的第九子，断不能越其诸兄啊。你的话不合适。"章惇又奏道："按照历代惯例，有嫡立嫡，无嫡立长，如今十四个藩王已死了八个了，加上现在皇帝驾崩，共是九人。依照长幼顺序，还是应该立简王为皇帝。"章惇和简王并无深交，他之所以要鼎力推荐赵必即位，目的不过是要阻止赵佶登位而已。他平日不喜欢赵佶的所作所为，认为他轻佻而不稳重，全然没有天子的风度和气质，因而不希望他登上帝位。简王为人倒也诚恳，出生不久便被授予了爵位。哲宗即位，对这位同母兄弟又是一番加官晋爵，简王能有如此荣誉，可见他和哲宗的关系十分亲密。现在哲宗驾崩了，简王在现存的弟兄中居长，根据情理，应该由他继位。但麻烦的是，简王自小时就患有眼疾，倘若让一个有眼疾的人登基，岂不让天下人笑话!向太后当即反驳说："简王虽然是在老大的位置上，但因为患有眼疾，世上岂有堂堂天子患有眼疾的道理，绝对不行。"她这一番话让章惇不禁语塞而感到事情的严重性。此时，他才明白原来向太后早就有定赵佶当皇帝的心了，只怪自己愚笨竟然没有看出来。向太后的目光隔着竹帘扫视朝中群臣，见大臣们一个个汗流浃背，十分紧张，脸上露出惶惑之色，便慢慢说道："简王既不可立，那根据顺序自然是端王入继大统了，大家还有什么意见吗?"群臣无人回答。在立皇帝这样极为重大的问题上，他们向来很小心，怕有不合适的地方，会招来杀身之祸，最好的办法就是什么也不说，听向太后如何安排，反正谁当皇上，他们都有俸禄拿，多一事不如少一事。章惇见无人出来与他站到一起，便又大声反对道：

"端王这人做事很随意，怎么能掌握天下呢？"知枢密院事曾布因受过章惇的挤压积有怨气，今见章惇如此放肆，根本不把皇太后放在眼中，便大声指责他说道："章惇，你从未与大家一起商榷立天子的事，如今又突然大发如此议论，实在让人惊骇，真不知你有何居心。皇太后说应该立端王，臣听得多时了，觉得十分合适，没有异议，一切敬请太后定夺。"曾布既提出了这样的意见，而且与太后的心思又如此贴切，于是群臣也就都跟着附和说："应当谨遵太后圣旨，不可节外生枝，再有他议。"满朝文武中，除宰相章惇一人外，没有人再提出反对意见。向太后见只有章惇一人上蹿下跳，而自己只几句话就让这个老夫子败下阵去，心里感到无限快慰。而章惇此时如丧家之犬，一言不发。向太后知道现在已经掌握了全局，便慢慢说："哲宗在世的时候曾经说过，端王是个很仁义的君子，而且又很仁孝，是不同于其他诸王的。于情于理，都应该立他为皇上，不用再商量了。"众臣都无话可说。于是向太后命人传召端王赵佶进宫。其实，赵佶早就翘首企盼着这一天了。他时时刻刻关注着朝廷上那一场大辩论，时刻派人打探消息。他在端王府内十分紧张，害怕会有什么闪失从而出现不该出现的局面，特别是他听到章惇反对他当皇帝的时候，又气又恨，心里暗暗想："倘若我当了皇帝，一定要诛杀这个老匹夫！"这是他一生中最焦灼不安的时候。突然，他听到了传唤他的声音，接着是一片杂沓的脚步声，他知道自己已经获得成功，脸上的愁容便一扫而光了。当他迈着轻盈的步伐，喜不自禁地在群臣的簇拥下来到福宁殿时，向太后已经在那里等着他了。一切都行礼如仪，赵佶在哲宗皇帝灵柩前宣布即位，是为徽宗皇帝。

中国古代昏庸帝王

118

二、锐意改革

徽宗当上皇帝后并不只是关心宫殿、美人和醇酒，也一直想对朝政有所改革。他一直在留意着朝政，只是因为羽翼未丰，不敢轻易动手，而且徽宗对时机的掌握也比较精明。要树立自己的德威，臣服天下，必须赶快干几件取悦民心的大事。虽然他并不十分懂国家大事，但他也知道君王的权威应行于外，方能统治天下。

朝中大政有章惇和曾布做主，自他登位后看起来没有什么事情，私下里的斗争却从来没有停止过。在那个时候，由于早年对变法所持态度的不同，朝廷分成了元祐党和绍圣党势不两立的两派。哲宗年间，司马光残酷打击变法派。后来，变法派掌权，又对其实行报复。这样宋哲宗在位的十几年间，两党完全不顾国家，这个时候的两党，完全没有了当初为国家大事着想的作为，而是激烈斗争、互相倾轧，只顾维护本党私利。自己这派人当中要是有人提出来一个主张，就是有明显的失误也一概赞成。总之，就是要想方设法掌握国家的权力，培养自己的势力。

徽宗经过将近一年的明察暗访，对朝中政治势力的对比也有所了解。如今朝中，绍圣党人一统天下，元祐党人大都被贬到外地做小官。由于绍圣党人并未很好地执行王安石的变法主张，且因有蔡京胡作非为，使得当时的政治混乱不堪。徽宗如果想干一件真正得人心的事，那么以绍圣党人为目标一定会获得成功。尤其是那个左宰相章惇，徽宗对他厌恶已久。他不但反对过徽宗的登位，而且模样也很粗俗。在徽宗充满艺术感觉的心目中，他是个品味极低的人。每天上朝都要面对这样一个人，徽宗觉得有些痛苦。但要改革朝政、清除章惇，当然要有其他大臣的支持，怎样才能知道哪些大臣可以为己所用，也是一件伤脑筋的事情。

这些天来，徽宗在皇宫中倒是有了几个得力的有用之人。首要人物当然是极善察言观色的童贯，童贯又推荐了两个小兄弟成为徽宗的随身太监，一个是杨戬，虽是太监，却有一身好武功，于是成了负责徽宗安全的近侍。另一个是梁师成，此人颇通些琴棋书

画，徽宗引为同道中人。于是这几个人每天都跟在徽宗身边，形影不离。但这批人的作用也很有限，除了能陪徽宗吃喝玩乐之外，干大事都派不上用场。徽宗那时还不知道童贯等并不满足于作个走红的太监，而是还有更大的抱负。所以在考虑朝廷大事的时候，还没有把这几个人纳入可以倚重的骨干范围。

徽宗正在想着怎样在朝政上干件大事的时候，后宫却发生了一件非常不幸的事情。垂帘听政的向太后在开春之后便一病不起，这时离徽宗登基差不多刚好一年。那时候皇宫中的人生了病，多半拖不了多久就得死。在普通人家看来，有些病本来并不是什么了不起的可以致命的病，但在皇宫中，这些病却能轻易地夺走许多皇室要员的性命。

原因当然并不怪病菌，也怪不上御医。由于皇室成员个个都是金枝玉叶，在皇权的淫威下，医术再高的御医也是不敢讲真话的。医界泰斗华佗就是因为为曹操治病时，提出了一个可以治好病却让曹操觉得华佗是想谋杀他的方案而冤死的。所以后世的御医为皇室成员特别是皇帝、太子、太后、皇后等重要人物治病时，总是考虑不清楚是该按医学的观点治病还是按皇胃重臣的观点治病；治好了是应该的，治不好可能就会被杀头。于是不管什么病，先说得严重点，但也许还有一点点希望，开些不是马上治好但也不是吃了就死的药应付，这样就往往造成拖延。那么"重"的病能够拖这么久，显然也是尽了全力的。这样也就没人来怪罪御医的医术不高或治死了病人。

向太后这病，开始也是伤风感冒之类的小病，但毕竟六十多岁的人啦，自然就显得有些严重。御医们虽百般诊治，看来也是不能治了。徽宗见向太后不久于人世，当然也有些伤心，因为他之所以能有今天的一切，全赖向太后的一手庇护。

向太后在临死之前，大致向徽宗说了些要做个明君之类的话。她一直对王安石变法时的气象心存留恋，但又对王安石的门徒蔡京、章惇今日之所为有些失望，她谆谆教诲徽宗要以大宋帝国的江山为重，复兴汉唐时的盛况，以不负她当时舍亲子而立庶子的初衷。

不过向太后却没有看到二十几年后那种凄惨景象，这是她的幸运。她也没料到她本意是为大宋的江山着想，而执意要立的皇帝却是一个亡国之君。也就是说，因为她的原因，大宋的江山及赵家的子孙都历经了一场浩劫。

宋徽宗慢慢从向太后去世的悲痛中回过神来，而他要整治朝政所要做的事，渐渐地有了眉目。一天早朝，宋徽宗在大臣面前，下了一道求直言诏，诏令所有的官员和有能力的人公开批评朝政。他决定做一个像唐太宗那样的明君。

诏书上大致说：我的年纪还很小，害怕皇帝的权力行使得不好，铸成大错。所有有学问的人都可以就天下大事和我个人的过错直言，说对了有厚赏，说错了也不用承担责任。满朝文武大臣见宋徽宗忽然有这一念头，都不以为然，更有大臣在鼻孔里哼哼，根本就没有将求直言诏当回事。这样，一个月过去了，满朝文武仿佛已经忘记了这事似的。其实哲宗时期就曾经两次用过这一招，结果许多人都因直言而受到处罚，这次是真是假呢？谁的心里都没有底，都揣着明白装糊涂，不理会皇帝的诏令。皇上当然十分失望，但好在有三个小官和一个太学生装模作样地各写了一份上书，没有让徽宗太失面子。但这四个人地位都很低，所以这样的上书在大臣看来似乎是小儿科的游戏。但宋徽宗计上心来，想利用这四人达到自己的目的。宋徽宗马上给那三个末品官升了官，而且还是连升两级。太学生则给了一笔厚赏。这一来，原先那些观望的人都眼红起来。拼了老命也要给皇帝上书，并赞赏地说道，我们当今圣上是贤明的啊！说错了真的用不着负什么责任，说对了就可以升官和得到赏赐。世界上真还有如此的好事，只要用笔写上几个字，就可以得到这样丰厚的好

处，这可是个千年难求的机遇啊！于是有些无赖也雀跃响应，就是不会写字的人，也花高价请人代写。一时间汴京城内的落第秀才们身价百倍，借此机会，狠赚了一笔。许多人竟因此而一改寒酸相，成了京城的有钱人，这一切都归功于皇帝的诏令。

上书就这样源源不断，而且有些事情更是荒唐至极，其中有一名上书的，乃汴京中有名的地痞流氓，叫做张迪。因为想借上书捞点好处，所以他上书坚决要求当太监，并用一把菜刀自己把自己阉割了。徽宗看到此上书，非常感动，就特许他进宫。张迪与杨戬本就是好友，进得宫中后，很快便成为徽宗的贴身太监。

其实，这一时期的大多数上书要么就是平庸的，要么就是针砭时弊和抨击朝中大臣的。特别是两派的人，更没放过互相攻击的机会。皇帝特别头痛这种上书，两党大臣各执一词，似乎自己才是忧国忧民的忠臣，而对方则是十恶不

赦欺蒙皇上的大奸臣。搞得宋徽宗无从判断，自然也就不敢发表自己的看法。可谁知这些大臣，见自己的上书未得回音，也未曾触怒皇上，心想若再加上一把力，定可说动皇帝。于是语气越来越尖刻，话语越来越偏激，上书也就更加勤快了。

于是，皇帝更是没有了主张。显然，无论听从哪一派的意见，都必然会激化矛盾，而自己尚未坐稳龙椅，其处境令他感到十分惶恐。

皇帝面对堆积如山的上书，眼看这场由他发起的运动难以收场。朝野内外，两派人都各不相让，有的甚至大打出手。原不过想借上书之事捞取名声而已，不想却引发了存在已久的两党矛盾。此事如处理不妥，必将引来元气大伤的大清洗，让衰弱的国事雪上加霜。右宰相一直注视着这场近乎闹剧似的上书。他是个老成持重的人，在政治上介于两党之间，现在看见上书之事已成危局，终于坐不住了，他也写了一份上书，这份上书痛斥两党相争给国家带来的危害，向皇帝说明只有消除党争才能重振国威。皇帝看完后十分高兴，便单独召曾布来商议这件事。徽宗道："曾大人所见，很有道理，若依曾大人之言，怎样才能消除党争呢？"曾布奏道："陛下，两派都有错误。特别是他们各自结党营私，不顾国家利益，勾心斗角、尔虞我诈、怀私挟怨、相互仇害倾轧，是皇朝所不能容许的。无奈现在两党仇恨已深，尾大难掉，不能一日尽除朋党之争。陛下只能持平用中、不偏不向、唯公是论、大公至正，才可渐渐削弱朋党，从而使臣僚们统一步调，实现天下大治。"徽宗听罢曾布所言，如梦方醒道："要不是曾大人所言，朕还迷惑于这些上书所说。"

说罢又拿出元祐党人范纯仁和绍圣党人陆佃的上书道："范卿人上书也劝朕不要因党用人，要抛开党系、明察臣僚自身邪正，根除朋党。陆大人也道元祐党人全盘否定王安石变法，而不知扬长去短；绍圣党人全盘称颂王安石变法，也不知扬长去短，显然都不是明智之举。一定不要再犯这样的错误了。所有举措，贵在正当，大兴之期，正在今日也。朕观他们的上书，与曾大人意见一致，但如今既欲消除党争，不知从何做起好？"

右相曾布继续说道："党派的争端由来已久，如今朝中大臣，他们又官官相护，要消除也不是一日之功。皇上现在可不必管某人是某党，只要才能相济，便可择而用之。只要用人持公，就可以废党人任人为私，即可使党系归于无用，自然吏治清明，君臣一心。"皇帝点点头说："我看章惇，平日里就依靠权势欺人，不能不罢黜他的官，让你为左宰相如何？"曾布一听要以他为首要大臣，心下不安起来。他是这样一种人，是只能辅佐正职，而一当作正，却反而不能发挥。于是曾布说："我的能力还不够，只怕会误了国事，还是另举其他的贤能方好。"

最后徽宗还是没有犟过曾布的脾气。后来徽宗宣布罢免朝廷当中结党营私的四人职务之时，朝野内外赞声四起。原来章惇、蔡京等借变法之名排斥异己，树敌太多，他们四人凄惶离开京城之时，竟未引起他人的同情。

四人之中，章惇最为从容，他知道自己迟早会被徽宗罢除，这一天他已经等了很久，看来是太晚了一点，所以他心平气和地去了岭南。

绍圣党的几个重要人物遭到贬黜，余党以为不久大祸即将临头。徽宗却没有大规模地罢免绍圣党人，而是将绍圣党和元祐党人都择贤而任，一些人所担心的党争之祸没有发生，并且党争有了缓和之象。

元祐党人韩忠彦接替了章惇的左宰相之职，曾布仍待在老位置上。徽宗又下诏迫复元祐党人的官职，并下诏令于全国，申述自己废除党争、量才重用的立场，并把年号改为"建中靖国"，让天下牢记禁戒私党、同心协力，靖国安民。

此后，宋徽宗果然说到做到，任人唯贤、不听偏论；无论大小政务，一般都能听得进各种意见，然后细细斟酌，公心处置。使倾轧者不能得逞，使结党营私者受到惩处。一时间，党争状况大为好转，各项政务都大有起色。徽宗俨然像一位富有雄图大略、足智多谋的英君明主。

宋徽宗新用的左宰相韩忠彦，他的父亲韩琦也曾在神宗朝时出任过宰相，是个和司马光一道反对王安石变法的著名人物。宋徽宗所要的只是用人唯贤，不分党派的主张在现实中却是说起来容易做起来难。

原本韩忠彦尽可能用人不分党派，可出于各种原因，大批进入朝廷的官员仍然是他这一派的人，另一派的大臣渐渐被排斥出朝。于是，有关朝政的上书又多了起来，徽宗刚在后宫中过了几天清平日子，就不得不为再次掀起的党争之事烦躁起来。一日，早朝之后，右宰相曾布单独留下，向宋徽宗呈上一份厚厚的奏章。这份奏章是中书刚收到的臣僚奏疏，作者是负责记录皇帝言行的官。

这位官员不久前曾当面向宋徽宗请求重用绍圣党人，并且使用激将法挑拨道："陛下是神宗的儿子，宰相韩忠彦是韩琦的儿子。当年神宗推行新法以利民，

韩琦曾极力反对。如今韩忠彦一声不响，却几乎把神宗之法全改完了。他这样做，是继承了父亲的遗志，陛下您贵为天子，为什么不能维护父亲的尊严，继承父亲的遗愿呢？"

一席话，居然使宋徽宗大受刺激，一连多日都闷闷不乐。

因此，曾布深知这位官员的奏疏非同小可。他想单独向宋徽宗呈递，以便趁机做些解释，免得皇上听信邓洵武的胡言，改变消除朋党的基本方针。

宋徽宗见曾布留下不走，知道必有令他心烦的事发生，他很想退朝之后便回后宫去过他的文人雅士生活，曾布这个老好人最近也变得喋喋不休起来，自己又不得不留下来听他的唠叨。这简直是在浪费他的时间。

曾布虽然知道邓洵武这份奏疏有些不平常，但他仍然大公无私地未加阅览便呈递给了徽宗。

徽宗打开奏章一看，原来是一张变革表，按官职分为七类，列了七个对照表。每个表分左右两栏，左边是变法派，右边是元祐派官员的名字。

七个表中将新任宰相是如何利用手中的权力来"结党营私"的情况全部罗列了出来，并用言语刺激皇帝，让皇帝对他认为可以重用的人反感。结尾又特别注明："陛下要想继承神宗遗志，非任用蔡京不可！"这实际上是要告诉皇帝：元祐党人已完全把持了朝廷，若再不采取断然措施，皇位就要受到威胁。

徽宗不动声色地让曾布看了一遍，曾布也大吃一惊，他没想到自己也被列入元祐党之列，并且公开提出要求将蔡京官复原职，重任宰相。

他现在能说什么呢，按照惯例，凡涉及到自己的公事，是不能自己辩解的。曾布只向徽宗表示不同意这样的分析，便匆匆退出去了。望着曾布的背影，徽宗的眉头皱得很紧。当初，正是曾布力主调和两党矛盾；他才下定决心，贬黜结党营私等人。本想新旧兼用，重整朝纲。不料他们却不体量朕的苦心，反而让元祐党东山再起，布满朝廷。徽宗又想起前些日子的一番话，不禁热血冲顶，自言自语地说："凡夫俗子，尚且不许别人指责自己的父亲，小民百姓，尚且知道继承父亲的基业，如果听任元祐党人任意指责先皇的是非长短，天子还何以自容！"既然曾布、韩忠彦都难以依靠，那就只好起用蔡京了。

中国古代昏庸帝王

三、沉溺道家

1112 年初，徽宗赵佶仍在病中，徽宗见自己这一病已三月有余，不禁心中暗自焦急。一日，正午时分，徽宗皇帝蒙眬睡去，不久即进入了梦境。只觉得自己身居浩渺之中，忽有仙童前来宣道："玉帝宣赵佶速上天宫。"徽宗闻听玉帝相召，不敢怠慢，只得赶忙随那仙童而去。一路上，只觉得是乘风踏云，转瞬就到了天宫。但听那仙童叫道："赵佶请暂留步于天门之外。"徽宗不便违拗，便侍立于天门之外，静待玉帝相召。片刻，只见那仙童转回，对徽宗道："玉帝有旨，请赵佶晋见。"赵佶立即随之而去，见到玉帝连忙以叩拜之礼相见。只听玉帝说道："赵佶你以往只重美色，不知重道，今已使你卧床百日，从今以后，如若不能大兴道教，朕定要降罪于你。只要你能使道教发扬光大，我定会派天庭诸神保佑你。"徽宗直听得心惊肉跳，暗想道："都怪我不敬道，才有这百日卧病之灾！以后如不能顺应天意，恐无好结果！"想到这里，连忙应道："玉帝教诲，赵佶谨记。今后定会全力推行道教，痛改以往之过。""好！你既已知错，又能决意推行道教，朕也就放心了。"玉帝又吩咐仙童道："金童，你带赵佶去吧，代朕赐他三杯御酒，使他明神、明道、明心。而后让他独自返回凡间就是了。"金童遵旨，携徽宗来到一偏殿，早有仙女献上美酒三杯。徽宗不敢多想，接过杯盏，接连饮下了这三盏御酒，只觉得酒香诱人，饮入口中甘洌清醇，果真是琼浆玉液，顿觉周身爽快。他正要请金童再赏几杯来吃，只见金童收回金盏，把手在徽宗背上只一推，徽宗便觉自己如坠入万丈深渊一般……

徽宗惊呼一声顿时惊醒坐了起来，额角上仍是冷汗津津。他侧过头来一看，只见贵妃王巍正伏在御榻之侧，睡得正甜。他又回想了一下梦境，轻轻地吸了口气，只觉得口内尚有美酒的清香，不免暗自称奇。于是，徽宗急令左右"速备香案"。王巍被他惊醒，笑问道："皇上这是怎么了？难道忘记了什么心愿未还，这样急急地摆香设案做甚？"徽宗只对王巍

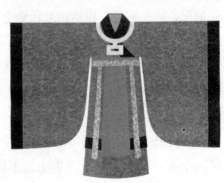

简单地说了梦中情形。王巍叹道："唉！但愿从此您能常得上天保佑。"二人说话间，内侍早已将香案摆设齐备。徽宗翻身下床，径直走到香案前，亲自焚香，望空祷告，发誓要发展道教，使道教在天下发扬光大。

徽宗欲兴道教，这正合蔡京之意。蔡京在徽宗沉于美色，尤其是微服下江南之际，基本上垄断了朝廷所有的大权。他恐徽宗聪敏，再识破其奸私，再次遭到贬斥。现在见徽宗有兴道教之意，于是全力支持。他心中暗想："只要皇上终日沉溺于无为清静之中，自己便可高枕无忧地主宰朝廷、安享富贵。"于是，蔡京便不时盛赞徽宗圣明，鼓励皇上向崇道的深渊走去。

正在徽宗急于求术士以弘扬道教的时候，太仆卿王亶引荐了一人。此人姓王，名老志，濮州人氏。这位王老志，初为小吏，事亲至孝，不受贿赂，品行

甚好。据说后来得遇异人，自称是钟离先生，给他丹药让他服下，他便抛弃了妻子，在妻儿的哭喊声中，毅然入山修道。几年后，学道成，便于乡间置下几间草房，以为人占卜为生。而王老志占卜又常常能算中，故被人们称为"老神仙"。

这位"老神仙"被召入京师后，蔡京亲自前往迎接，并于太师府对其盛情款待。而后又亲自入宫向皇上称颂"老神仙"王老志的道法。徽宗听了十分欣喜，传旨道："速传王老志进宫。"

王老志奉旨入宫，刚刚进入殿门便引起了皇上的注意。徽宗在御案上展龙目仔细一看，不禁龙颜大悦。只见那王老志神态安详，面容庄重，丹凤眼，卧蚕眉，三髯长须垂于胸前，八卦仙衣飘飘洒洒，端的是仙风道骨。他信步行至御案前，略一躬身，说道："山野之人，参见陛下。"说着双手向徽宗呈上一封密缄。笑道："陛下既召小道前来，我总不能赤手而至。此缄便为晋见之礼。"

徽宗接过展看，乃是去年中秋与王巍相互对和的情词。此两首词除徽宗与王巍二人之外，再无任何人知晓。当下徽宗大惊，问道："此二词先生何处得来？"

"此乃天机，陛下不必多问。小道从师所学即是要算出以往，须知未来。区区小术，不足挂齿。"王老志漫不经心地回答。

徽宗皇帝不觉暗暗称奇，又与王老志谈道论法，更觉王老志超凡入圣，乃赐号王老志为"洞微先生"。从此朝廷仕宦前来向"洞微先生"询问吉凶的人络绎不绝。而王老志遇到有人前来问卜，却只用笔写上几句模棱两可的话，随手付与来者，并不多言。来人看那卜辞时，其语多不可解。问的人初时还都似信非信，但后来竟都能应验。如此一来，王老神仙的名声更是轰动朝野。

一日清晨，徽宗闲来无事，令左右用黄绫裹青枣两枚，召王老志前来，问道："人言先生通卜善算，今朕于黄绫中藏下一种物件，敢烦先生占来，不知先生可能……"

王老志明知皇上设难，一时心中也无甚把握，只叹息了一句："大清早!大清早!山野之人不愿早占。"他本是托辞不占，怎奈"早"与"枣"同音，徽宗听了，不禁叹道："先生果真神人也!"令人将黄绫展开，青枣立现。王老志见之，暗自庆幸。但他仍故作姿态地正色道："陛下，仙机益用于正道，量此儿戏，陛下怎可……"

徽宗见老志不悦，忙笑道："先生切不可认真。朕今晨无事，故与先生以此相戏，欲知先生占卜之奇技。今见先生神算，朕心甚慰。望先生今后全力助朕。朕自不敢忘先生。"

"谢陛下，小道告辞了"。王老志略一施礼，径自退去。徽宗望着王老志的背影，心中暗自得意，以为自己得到了贤人相助。

怎知蔡京知道此事后，心中十分惊慌。他只恐王老志识破自己的诡计，向徽宗道破其中隐情。于是与王老志商议，不许朝中士宦叩问吉凶，更不许皇上询问天机。王老志明白蔡京用意，当即含笑点首，表示赞同。但王老志毕竟不是无耻的奉迎之徒，因见朝政日非，又不忍使天下生灵惨遭横祸，乃制一乾坤鉴，其中多记历代兴亡故事，献给徽宗道："小道深恐帝后他日会有大难，请陛下与皇后常坐鉴下静观细心反省，以免灾难发生。"徽宗见了此鉴，十分不悦，只说了句："朕知道了。"王老志并不介意，只淡淡一笑，径自退去。

不久，王老志又劝蔡京急流勇退，毋

阶下囚徒——宋徽宗

127

恋权位。蔡京只冷笑了一声，说："先生只可静养，不必为老夫多虑了！"而后便拂袖而去。

王老志落得无趣，不禁心灰意冷，乃托言受到师父谴责，不该溺身于富贵，向皇上上书请归。徽宗不允，他便又托称生病，闭门不出。如此年余，王老志又再三上书乞归。徽宗无奈，只好许归。当诏书下来，王老志霍然起床，步行甚健，即日出都而去。

怎知王老志因对蔡京与童贯主宰朝纲甚是不满。他出了京师，故作疯癫，一路行走，一路叨念："打破筒(童)，泼了菜(蔡)，便是人间好世界。"他这一叨念，不免使沿途百姓在心灵深处产生共鸣。于是，百姓纷纷以此为歌谣，广泛传唱，以泄对蔡、童的不满。

当此歌谣传入蔡京耳中后，他不禁深恨这位王老神仙，便与童贯密谋，派人追到王老志家乡，将他毒死了之。

当王老志死讯传到京师后，徽宗才觉怠慢了这位方士。当即传旨，追封王老志为正议大夫，赐以金银，令其家属及地方官吏将王老志厚葬。

四、密会名妓

　　金钱巷与重楼嵯峨的皇宫只隔一箭之地，是东京最著名的风流渊薮。巷内朱阁翠楼中有无数艳丽动人的脂粉娇娃。每当入夜时分，各家小楼的门上，都会挑出一对对朱粉纱灯，门里箫管嗷嘈，阵阵妙曼清音，伴着粉红色灯光，充溢于这曲折的风流巷中。在巷中有一幢小巧别致的楼房：一楼笑语喧哗，一个个杏脸桃腮的女子，正在招呼客人。二楼之上却灯光柔和，十分清净，只有背窗而坐的一位淡妆少女正在轻拍檀板，低首浅唱着一曲《玉兰儿》。听这轻柔的声音，就如同和风拂过，令人心醉。听这动人的歌声，就足以使人想到，这歌者定是一位令人倾倒的少女。她正是被梁中书送往京师，于黄泥冈丢失的李京京。

　　原来，李京京被梁中书送出大名府后，她与梁府的两名侍女分乘小轿，在两名老家人的护卫下，随在杨志等众军汉之后。当时天气炎热，行到黄泥冈附近时众军汉口渴难忍。恰好晁盖与吴用设计，在水酒中下了蒙汗药，诱众人饮下。众人均被麻翻，只有坐在轿内远离众军汉的李京京与两位侍女未饮药酒，得以幸免。

　　晁盖等人趁杨志及众军汉被麻翻沉睡之际，取了十几副礼担，急急逃去，并未注意不远处停放的三顶小轿。李京京与两名侍女在一边看着，只恐晁盖等发觉，哪里还敢做声？待晁盖等去远了，李京京方才与两个侍女钻出轿来，呼唤轿夫和梁府的两名老家人。这时，瑟然从树丛中窜出了两个衣衫华丽的男人来。这两人自称是京城的"大爷"，实际上是金钱巷中的泼皮。这日他二人游玩于山东地面，偶遇晁盖等人劫取"生辰纲"，不觉眼红。但碍于晁盖等人多势众，不敢出手，只好眼巴巴地躲在树丛中，望着晁盖等挑着

礼担离去。他们正在惋惜这笔财物，猛然听得有女人的声音。循声望去，见是三名年轻女子。遂跃将出来，将李京京及两名侍女带到了京师。不久这两人便将李京京卖入"京师第一妓院"李妈妈家中。李妈妈见京京人物清秀，问及姓氏，便将李京京改名为"李师师"。这李师师本是在妓院中生活过的人，此时虽自叹命薄，但也只好随遇而安，听凭李妈妈安排。李妈妈得了这棵摇钱树，自是珍爱万分，一时还未肯让她与客人陪宿。每日只令她以声歌袖舞、扶琴操觚与一些儒雅之士周旋。一般嫖客若想见师师一面也是不能够的。如此一来，京师中的风流名士，皆以见到李师师为荣。一时间，李师师名声大噪，竟成了京师第一红妓。

然而，李师师天生气傲心高，对待不惜千金前来一会的平庸之辈，又总是以漫不经心的态度应酬。但今日，妓院的老鸨因见几次前来都不惜重金的王相公又携了一位外表更加华贵的先生，不禁大喜，竟欢喜地亲自上楼呼唤师师接待远客。坐在楼下饮茶的王相公与另一位客人正等得心急，见李妈妈从楼上下来，那王相公径自迎上前去问道："李妈妈，师师今日为何这般……""哎哟！王相公，你怎么不知道我这女儿让老身娇惯坏了，就是老身也不敢忤逆她。她听说王相公带了一名客人来访，不肯轻易相见，定要您二位沐浴了才可上楼。""还要沐浴？"王相公带来的客人怀疑地问。"唉！我这女儿天性清洁，无论什么客人，只要前来相访，都要沐浴了方可相见。她最闻不得男人的汗味儿！"那客人冷笑了一声，对侍立一边的王相公道："既如此，我们还是归去吧！她家女儿好生无礼！我岂能受得这般刁难！"那王相公忙给李妈妈递了个眼色。李妈妈见了，只作不知，仍旧笑着说："你这位客官爷也休要如此气盛。初来我家的客人听了我女儿要他洗浴，也都气恼，但只要见了我女儿后，便都再无话说了。""噢！你家女儿莫非是天仙……"那王相公深恐他说出什么难听的话来，忙接言劝道："赵先生请息怒。"说着，转过脸来以目示李妈妈道："李妈妈，这位赵先生乃京师数一数二的人物。你切莫走眼怠慢！若是惹得他恼，你将悔之不及！""哎呀！王相公，老身岂不知你二人都是大福大贵之人，但我女儿天性如此！如你二人要想与她相会时，必要洗浴了才可上楼。否则恐怕不好相见。"李妈妈说着，眼睛只盯着赵先生。

那赵先生与王相公正是徽宗皇帝与王浦二人。王浦见徽宗听了李妈妈的话，面部现出了犹豫的神色，就劝道："师师天性喜洁，这也是好事。莫不如您就洗浴了去。徽宗沉吟了片刻，只好笑了笑，叹息了一声，随李妈妈到楼下福室中草草沐浴了一回。才在李妈妈的带领下，由王浦陪着上得楼来。三人来到李师师房中，徽宗见坐于小榻之上的李师师娇艳照人，不由眼前一亮。只见她眼横秋水之波、面如芙蓉，肤胜凝脂。一抹纤腰苗条可爱，三寸金莲宽窄宜人。徽宗正看得出神，那李师师已立起身来，似羞似娇地问李妈妈道："妈妈，这位随王相公前来的姓甚名谁？"徽宗忙抢着答道："在下姓赵名乙。久闻师师娘娘芳名，特来拜访，不知姑娘欢迎否？"李师师见这赵乙年纪在四十余岁，神采奕奕，举止不俗，又见王浦侍立于一边，不住地给自己使眼色，便知这赵乙绝非等闲人物。听他开口便问自己欢不欢迎于他，一时不好正面回答，遂亲手为他献上香茶，笑道："赵先生初次登门，且请先坐。"徽宗落座，只觉得李师师房中有一种幽淡的奇香，心中暗赞道："端的是神仙般的人儿！这房中幽香宜人，真乃'温柔乡'也！"李师师见徽宗及王浦都无言语，乃对李妈妈道："妈妈可去备些酒菜来，女儿也好与他二人略饮几杯。"说着又从墙上取下瑶琴，笑道："妾与赵先生初次相会，妾就为您歌唱一曲吧！赵先生切勿见笑。"徽宗大喜，笑道："姑娘请，我自洗耳恭听。"李师师将琴置于案上，便弹唱了一曲《万里春》。

李师师的琴艺和美妙歌喉，已使徽宗如痴如醉，不觉和拍击节。师师一曲歌罢，徽宗便有些喜悦忘形，忍不住拍案叫绝，赞道："'此曲只应天上有，人间能得几回闻'！朕……"王浦听他突然说出了一个"朕"字，不禁大惊。忙笑着打断他的话，说道："赵先生，请用茶。来，来，我们且品一品师师这香茗如何！"李师师正对这"赵乙"的气派感到惊奇，猛

听他说了一个"朕"字，虽被王浦打断，可更增添了几分狐疑。只是她还不敢想眼前这位赵先生竟是皇上。徽宗也知道自己说走了嘴，听到王浦劝茶，遂端起茶盏喝了一口。这时，恰好李妈妈将酒菜端来，李师师忙笑着让道："赵先生、王相公请。"

徽宗坐了首席，王浦挨次坐下，李师师于末座相陪。李师师毕竟心灵，席间注意了徽宗与王浦二人动静，早已看出了徽宗的行藏。她发现徽宗服饰虽不是十分斑斓，但质地却都是极上乘的；举止雍容华贵而不矜持俗气，潇洒之中透出大方气象。遂打起精神伺候。酒至数巡，又振起娇喉，唱了几支小曲儿，更令人心醉。徽宗目不转睛地看着师师。师师只以浅挑微逗，眉目传情相对。徽宗一时兴起，便与师师百般调笑起来。三人饮酒谈笑，直到夜静更深，方才罢席。王浦见徽宗尚无归意，不觉焦急。恰好李师师笑着问徽宗道："赵先生您家居哪里，可肯告妾吗？"师师本意是要通过询问他住处，提醒其及早归去。岂料徽宗借着酒意，竟哈哈大笑道："师师姑娘是问朕住于何处吗？朕住何处难道你还不知道吗？"

王浦见状，知皇上是有意公开自己的身份，欲留宿于李师师家中。遂悄悄碰了徽宗一下，徽宗却故作不知地注视着李师师。那李师师听了他自称"朕"，已被惊得不知所措。忙起身将王浦拉至一边，悄声问道："赵先生究竟是什么人？他如何敢自称'朕'？"王浦偷眼看了看徽宗，只见他正扬扬自得地坐在那儿，正端着茶盅品味香茶。于是，王浦便对师师笑道："你可知道我是谁吗？""你？""我乃总治三省事、当朝丞相王浦也。""啊！你是王相爷？""正是。""那这位赵先生真是当今万岁爷？""正是。"李师师惊喜交加，正欲以大礼拜见皇上，猛然又想道："不对，当今天子如何能到这青楼中来？"想到此，她淡淡地笑了笑，又突然变得严厉地对王浦道："王相公，你们可是活厌了不成？怎敢自称相爷、万岁爷？万岁爷和相爷如何肯到这种地方来？"王浦笑着对李师师道："师师姑娘，这是你的造化。近来万岁爷在宫中……""王浦，朕随身没带什么物件，只有瑟瑟珠两颗，权且赠与师师姑娘做见面礼吧！"徽宗听王浦与师师啰嗦，已觉厌烦，遂将两颗宝珠取出，赠与师师。

李师师见了晶莹的一对宝珠，又见徽宗态度坦然，心中已知来者正是皇上。只好上前与徽宗行了参拜大礼，说道："我主在上，贱妾不知您是皇上，唐突之处，请皇上勿怪。李师师愿皇上万岁，万万岁！""哎呀呀！我今日并非以皇上身份前来，你怎么行起了宫中之礼？这反倒违了我的本意，没了味道啦！"徽宗见师师拜倒于脚下，仍不起来，只好亲自将她扶起，笑道："快起来吧。"说着便借搀扶之机，托起李师师香腮，认真地欣赏了一番。赞叹道："师师果真是京都第一美人，端的是秀色可餐，秀色可餐！""皇上谬赞了，臣妾哪消受得起！妾烟花陋质，能得陪天颜已是万幸，哪里能承受得起皇上的赞誉！"李师师娇羞地说。

二人调笑间，王浦早已明白了徽宗的心迹。忙悄悄走出师师房间，找到李妈妈密语皇上欲留宿之事。那李妈妈听说赵先生即是当今天子，不由得喜之不胜，忙连声应允。对王浦说；"王大人于我家真是恩重如山！既是皇上要包占我儿，老身还有何说！我这就去说与师师。以后还望王大人常带皇上前来。我自会孝敬您王大人！"王浦笑着与李妈妈一同上楼来。李妈妈先将师师叫出，与之说了皇上欲留宿之事。师师羞得粉面涨红地说道："儿是妈妈的人儿，怎敢不从妈妈之命？反正早晚也要有此一遭！"李妈妈笑道："我儿，这是你的福分。遇上皇上，保你享不尽荣华富贵！"

王浦见李妈妈将师师唤出，也与徽宗说了留宿之事。徽宗点首，笑道："还是你知我心！"二人正说着，李妈妈与师师已走了进来。徽宗见师师粉面含羞，美丽之外更添妖媚，心中暗叹："如与师师相比，我那六宫粉黛皆如土，三宫后妃个个俗，但不知她身世如何？"他正在想着心事，只听李妈妈笑道："万岁爷，我家师师还从未与客人陪宿，万望皇上体谅些。如有伺候不好处，请……""哈哈哈，师师姑娘美胜天仙，朕岂能不怜爱？请放心吧！"徽宗开心地笑着。

王浦与李妈妈见状，忙知趣地笑着退去了。

徽宗见李妈妈随手带上了房门，便拥了师师入帐安寝。李师师初承雨露，又知他是当今皇上，自然放出手段，使了全身解数，百般奉承。徽宗只觉得这一夜的风情，比后宫妃嫔，不知欢娱几百倍。因见师师虽是名妓，尚存处女之身，不禁惊奇，遂问及其身世。李师师听皇上问到自己的出身，不由得美目含泪，将自己的遭遇从头讲了一遍。徽宗听了，叹息不止。师师泣道："皇上，妾今日得到您的宠幸，万望皇上与妾做主，替妾伸冤！"徽宗笑道："你既已得侍朕，就属朕之妻妾。宫中有规矩，后宫不得干政。此事朕心中有数，你不要再提啦！"

二人谈着谈着，渐渐进入了梦乡。

次日天色微明时分，王浦便来敲门，催促圣驾还宫。徽宗无奈，只好披衣而起，与师师叮咛了一番，相约了后会有期，又留下了一条龙凤绢丝绦，作为传情的信物，便抽身去了。

李妈妈送走了徽宗及王浦，心中欢喜不尽，忙转身上楼给师师贺喜，笑道："我儿福分不浅，得侍皇上。妈妈给你道喜了！妈妈早就看出了我儿生就的福相，必是大福大贵之人！以后妈妈就全靠我儿啦！"李师师羞羞答答地笑道："妈妈说哪里话来！若不是妈妈疼爱，先时不令女儿与客人陪宿，使女儿保住这清白之身，恐怕皇上就会嫌弃女儿，以后不会再来啦！如今女儿既得皇上恩宠，妈妈自然也风光了许多！如此说来，女儿还应该给妈妈道喜呢！"自此以后，宋徽宗便经常来此与李师师见面，二人如知音相见，有说不完的缠绵。后来，徽宗还为李师师进宫专门修了一条地道，更是古往今来没有过的事情，但也足以看出宋徽宗赵佶的风流本性。

中国古代昏庸帝王

五、奸贼乱国

　　徽宗激浊扬清，整肃朝纲，引起一片赞誉之声。可惜这种局面并没有持续多久。一来是徽宗年纪太轻，政治上显得稚嫩、没有经验，容易为权臣所左右。向太后垂帘时，因她倾向于旧党，因此韩琦之子韩忠彦才得以顺利升任左仆射（宰相）。但是为时不久，向太后便宣布还政，又过了一段时间，便乘鹤西去，旧党顿时失去了依靠，抵御不住新党的凌厉攻势。宋朝的国势如日薄西山，宋徽宗虽然是侥幸获得皇位，但在即位之初本质上还不是一个坏人，曾经打算要励精图治，把暮气沉沉的国家恢复为太平盛世，为此他也曾大刀阔斧地改革，广开言路，平反冤狱，选贤任能，俨然一个中兴天子。假若他能够持之以恒，北宋还是有救的。

　　但是，这段清明的政治没有维持多久，宋徽宗就在一群奸佞肖小的包围之下，从年轻有为变得荒淫腐朽。徽宗风流蕴藉，即位前就喜欢玩弄花石，即位后仍然乐此不疲。摩挲周鼎商彝、秦砖汉瓦，表明自己是一位儒雅天子，本非坏事，只要不沉湎其中，玩物丧志，便无可厚非，但到了宋徽宗身上就并非如此。有一年苏杭进贡的千姿百态的石头，立即引起了这位少年天子的浓厚兴趣。不过当时他刚登大宝，不便过分搜求，惹人非议。虽然只是区区几块石头，但从山水迢迢的江南运往京师，也颇费了一番周折。这便是以后运花石纲的滥觞。

　　等到向太后还政、徽宗地位稳固之后，再也按捺不住对江南物产的癖好，更加肆无忌惮地派人去南方取珍奇宝物，来满足他的奢侈心理。东京的宫殿经过五代、北宋几个帝王的修建，已经是金碧辉煌、美轮美奂了，徽宗还想锦上添花，把宫殿装饰得更加富丽堂皇，至于百姓死活，他就不管了。

为天子搜罗宫廷用品的供奉官童贯，穿梭来往于京师与苏杭之间，结识了贬谪于此、郁郁不得志的蔡京。蔡京知童贯圣眷优渥，便刻意结交，蔡京很快东山再起，位至宰相。物以类聚，人以群分。蔡京在杭州时结识了一个名叫朱勔的无赖，此人系平江（江苏苏州）人，其父朱冲狡狯有术数，但家产不丰，为人当佣工。因桀骜不驯遭到鞭笞，逃往旁邑乞贷，得遇异人授他配药之方，遂设肆卖药，成为富甲一方的巨富，不过他也会沽名钓誉，如寒天舍衣、供人饮食药饵等等，因此颇负盛名。蔡京贬谪中，一次路过苏州，打算建一座僧寺阁，但工程浩大，耗资甚巨，欲营建而力不从心。众僧建议说，如必欲结此善缘，非郡人朱冲不可。蔡京马上通过郡守找到了朱冲。交谈之间，朱冲满口答应，他一人就可营办。一年之后，蔡京奉召还朝，便把朱冲、朱勔父子也一道带回京师，安置在童贯军中，后来朱冲父子居然沐猴而冠，摇身一变，成了朝廷命官。蔡京工于心计，深谙做官之道，他知道要想承欢固宠，须得讨取徽宗的欢心。一次，徽宗拿出一些玉盏、玉卮给大臣们看，并说："朕打算大宴时用这些器皿，又怕别人说太豪华。"蔡京马上回答说："为臣昔年出使辽国，见有一玉盘盏，是五代时晋朝石敬瑭之物，辽主指给我看，说南朝还没有如此贵重之物。现在陛下大宴时才用这东西，于情于理，都不为过。"徽宗摇摇头说："神宗皇帝曾经建造小台一座，宽才数尺，上书谏止的人很多，朕记忆犹新。这一器皿已经很有历史了，朕害怕谏官再来言事。"蔡京却说："皇上是九五至尊，本就该好好享用天下的美物，怎么能这么相比呢？还请皇帝放心。"接着又引经据典，胡诌《易经》上有丰、亨、豫、大之说，指的就是君王应在太平盛世纵情享乐，不必拘泥于世俗之礼，《周礼》上也说自古以来，君王的花费都

不受限制，陛下何苦撙节太甚！蔡京真是巧舌如簧，将《易经》《周礼》的话作了随心所欲的解释，而徽宗竟然对这番鬼话深信不疑！

蔡京善于揣测人主之意，他知道徽宗垂意于花石，便暗中嘱咐朱冲父子取浙中珍异以进。徽宗起初还比较谨慎，不敢过分张扬其事。但欲壑既开，便难填满，后来徽宗索性大规模运输花石，设立了专门搜集贡品的机构，以朱勔领苏、杭应奉局及花石纲于苏州。所谓花石纲，就是运送花石的船队，一队叫做一纲。从此以后，舳舻相衔于汴，把从东南巧取豪夺来的奇花异石源源不断运往汴京，而这些负担当然又出自哀哀无告的百姓身上！

负责运送花石纲的朱勔，因善于玩弄权术，得以纡朱拖紫，青云直上。徽宗足不出宫闱，听到的都是对朱勔的赞美之辞，因而对他信任不疑，朱勔趁机贪污中饱，凡是被卷入此役的百姓，也要倾家荡产，鬻儿卖女供差役们花费。奇木珍石即使在深山幽谷，或江湖不测之渊，也不惜代价，千方百计弄到手，运送时又拦截运粮的粮船及其他商船。运送花石的人恃势横暴，连州县官都惧怕三分，老百姓就更是敢怒而不敢言了。有些花石大得无法漕运，便取道于海，但一叶小舟，每遇惊涛骇浪，就要翻船出事，那些押送的官吏固然死不足惜，而那些搬运花石的百姓成了海底游魂，真是天大冤枉！华亭（上海市松江县）悟空禅师塔前有一株唐朝桧树，被朱冲、朱勔父子看中，决定运往京师，但桧树枝叶纷披，无法通过桥梁，便在华亭造大船出海，经楚州（江苏淮安）入汴。一天，海上天气突变，桧树枝与风帆纠结在一起，导致覆船，于是一舟人尽葬身鱼腹。太湖石多孔窍，搬运恐有损伤，便先用胶泥填窍，使呈圆形，外用麻绳捆牢，在太阳下曝晒，使之变干，然后用特制木车运入舟中。抵京师后，先用水浸，去掉泥土，露出石头本色，丝毫都不损坏。石头愈贡愈多，式样愈来愈奇。政和年间，灵璧（今属安徽）贡一巨石，高、阔均二丈有余，用大船载至京师，拆毁城门才得进入城中，上千人竟抬不动。一些阿谀奉承之人上奏说，此石乃是神物，圣上

阶下囚徒——宋徽宗

137

应作特殊封赠，徽宗便亲笔书写"卿云万态奇峰"六个大字并以金带一条挂其上。久而久之，不独东南进贡花石，流风所及，连中原地区也有人进贡花石了。

朱勔是个劣迹斑斑的纨绔无赖，借掌管花石纲之机，陷害良善，越州（浙江绍兴）一大姓家有奇石数块，求之不得，便派兵卒毁其室庐而取之。惠山有柏树数株，生长于其家祖墓之畔，朱勔派人挖掘，竟至破坏棺椁。此类事不胜枚举，因此东南百姓提起朱勔，莫不咬牙切齿，欲食其肉寝其皮。因东南船只尽被朱勔拿去运送花石，严重影响了粮食运输。

蔡京被重用之后，便有意诱导徽宗大兴土木，他每议及前朝惜财省费者，必以为陋，至于土木营造之事，都要比前代华丽。徽宗采用方士魏汉津之说铸造九鼎，次年三月九鼎告成，徽宗下诏在太一宫之南建造宫殿置放，各殿周围都垒有城垣，上设便于巡视的短墙，称作睥睨，短墙涂抹上各种颜色，九座宫殿之外再筑一道城垣与外界隔开，命名为九成宫。九成宫已很华丽，但比起新建的延福宫，无疑又逊色多了。延福宫旧已有之，地点在大内北拱辰门外，乃祖宗宴会之所，规模不大。有一年，蔡京打算修葺宫室讨好徽宗，便在这年八月召集宦官童贯、杨戬、贾详、何诉、蓝从熙五人，说是宫殿逼窄，无法举行宴飨。童贯等五人请求仍用延福宫之名另建新宫，蔡京欣然同意。新宫规模宏大，东西长短与大内相埒，南北稍短，东至景龙门，西抵天波门，其间殿阁亭台相望。延福宫落成后，徽宗亲自撰文以记其事，他不无自豪地夸耀。在新建的宫殿里，徽宗君臣醉生梦死，悠然陶然，至于社稷百姓，统统都抛诸脑后了。如此的昏庸无道，最终导致北宋王朝的灭亡，死亡的脚步正在慢慢逼近这个年迈的帝国。

中国古代昏庸帝王

六、靖康之耻

1125 年，金国的皇帝正式下诏要伐北宋王朝。在这之前，金人对于是否攻宋，曾一度犹豫不决。因为天祚虽然擒获，没有了后顾之忧，但宋朝毕竟是泱泱大国，能否在交战中稳操胜券，没有十分把握，便四处派人打听虚实。因为辽国降将刘彦宗、时立爱系燕人，坟垅、田园、亲戚故旧皆在燕京，因此力主金人南侵。耶律余睹等乃辽朝旧臣，宗望之妻金辇公主系天祚帝之女，宗翰之妻萧氏原系天祚帝之妃，为报宋兵助金攻辽之仇，也极力撺掇金人攻宋。耶律余睹力陈宋朝可图，兵不必多，因粮就兵便可。宗翰于是下决心攻宋。因此就分东西两路攻宋。西路军由雁门关攻占洛阳，以阻止陕西宋军东下，截断徽宗入蜀之路；东路军则在夺取燕山府后，乘胜南下。两路人马都以占领汴京、俘获宋徽宗为目标。

燕京与金国毗邻，金军的频频调动，不能不引起宋人的警觉。距平州甚近的清化县（河北香河县）榷盐场，见金兵前来掳掠居民，焚烧庐舍，急忙申报到燕山府。宣抚使蔡靖、转运使吕颐浩等不敢怠慢，一面未雨绸缪、修葺城池，一面以银牌飞报朝廷。但是，执政的大臣正忙着筹备郊祀，没有上奏给徽宗，只简单地命令蔡靖等随机处理。一场关系北宋生死存亡的大事，徽宗君臣竟然浑浑噩噩，无人理会。九月间，河东宋朝守臣也向童贯报告，宗翰正在云中集结军队，伺机南下，应预作准备，童贯充耳不闻。十月间，中山府不断传来金人的消息，耶律余睹至蔚州大点军兵，大批女真军、渤海军、奚军至平州、云中府路屯泊，又从本土调女真军、汉儿军开往云中府，并在蔚州、飞狐县等处收集粮草，平州都统指挥属县刷拣丁口充军，又调白水泊驻军前往奉圣州。浓云密布，阴霾满天，大有山雨欲来风满楼之势。直到这个时候，宋朝才反应过来国家欲将不保，于是匆忙中开始了抵御金国的备战。

为了躲避这样的战乱，宋徽宗赶紧将王位传给了自己的儿子，就是后来的宋钦宗，在他即位第六天后，便下诏改元为靖康元年，时为1126年。但是，钦宗既登大位，当务之急便是派兵迎战，而此时几乎没有能让他用的人才，宋徽宗在位期间，朝廷中的忠良早已为蔡京等人陷害完了，剩下的尽是些阿谀奉承的小人，哪个能担当起国家的重任呢！

靖康二年（1127年），坐了二十五年皇位的徽宗赵佶和儿子钦宗一同被金人俘虏北去，被金人戏封为"昏德公"。赵佶在金朝受尽屈辱和折磨，最后还死于五国城中。北宋末代皇帝宋徽宗就这样结束了他的人生，也同样结束了北宋王朝的命运。有人说他是生不逢时，但在更多人的眼中，这是一场闹剧的完美表现，国破家亡，让这个艺术皇帝深有体会，但如同南朝后主李煜一样，终逃不过这灭国的命运！